スピードマスター

1時間でわかる

経費で落ちる領収書

公認会計士・税理士
渡邊勇教
Takenori Watanabe

技術評論社

支払ったお金が何でも経費になるわけではない

　私の会計士としてのキャリアは、2007年にスタートしました。まず会計事務所に入所し、7年間の勤務を経て、2014年に退職をしました。税理士登録を行い、独立開業をしたのが2014年12月。公認会計士として会計のプロであるという自負はありましたが、会社経営や税務の実務に関しては素人で手探りだったことを覚えています。

　仕事の取り方や融資の受け方、請求書の作成の仕方などすべてが未知でした。まずは知人に聞き、インターネットでとにかく検索をし、情報確保に努めていました。それでも限界がありました。それは、情報を網羅的に手に入れるということです。気になる要素は手に入りますが、知っておくべき情報を網羅的に手に入れるためには、その情報を知る人に聞くか、よい書籍と出合う必要がありました。今思い返すと約5年前ですが、あのときの苦い一つ一つの思い出も、今となってはよい思い出になってきています。

　本書を手に取っていただいたということは、個人事業主や法人の代表であったり、はたまた会社で経理を担当して

いたり、フリーランスで働いている方が多いでしょう。そのような方たちが抱える悩みの１つであろう税金のこと、そして税金において最も大切な要素でもある「経費のこと」について、本書では多数の事例を用いて解説しています。

　支出を経費処理することを「経費で落とす」と表現されがちですが、正確には「経費になる」だと私は考えます。「経費で落とす」という言葉を聞くと、支出を無理やり経費処理するイメージが思い浮かびますが、実際に経費になるのは、事業関連性と課税の公平性の観点から見て、正常な範囲の支出のみです。そのため、この２つの観点から見て不明瞭な支出は経費になりません。つまり、支出を無理やり経費で落とすことはできないのです。

　本書では、経費になる／ならないケースを数多く紹介しますので、読み進めるうちにその線引きが感覚的にも論理的にも理解できるようになると思います。

　私が13年間で学んできた「経費のこと」が、本書を通じて少しでも学びとなり、皆さんが知らなかった情報の１つになれば、書籍とさせていただいたことに喜びを感じます。

2020年3月末日
渡邊勇教

contents

2章 [概要] 領収書の基本

3章 [基本] 業務にまつわる経費〜Part1

4章 基本 業務にまつわる経費～Part2

5章 応用 節税効果も期待できる経費

6章 [発展] 誤りやすい経費処理の事例

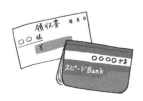

1章

概要 経費と会計の関係性

「経費で落ちる」とは会計上どのような状況なのか、経費になるとどのようなメリットがあるのかを理解しましょう。

「経費で落ちる」とは
どのような状態？

A. 支出を経費に計上できるということ

　「経費で落ちる」費用とは、経理処理時に費用に計上できる支出のことです。そして、支出を経費にするためにはレシートが必要で、レシートがあれば経費になる、と思っている人がいますが、実際は違います（右図参照）。**費用に計上できる支出であるためには、3つのルールに合致しているかが重要なのです。**

　①**事業に関連した支出であること**

　②**同業者が経費処理する範囲と大きくブレがないこと**

　③**レシートなどの支出の実態を把握できる資料があること**

　事業に関連した支出とは、収入を得るために必要な支出です。収入を得るために直接・間接的に必要ではない支出は、経費になりません。また、同業者が経費処理する範囲と大きくブレがないこととは、課税の公平性があるかという問題です（18ページ参照）。特殊なビジネスであれば別ですが、飲食業やデザインなどの事業を行っている場合、支出が同業者と同程度の範囲であることもポイントになります。そして、レシートなどの領収書の有無は、実はそこまで大切ではありません（34ページ参照）。

経費になる支出

- デザインの仕事を受注し、そのデザイン作業の一部を外注の人に支払った、外注費
- 新たな仕事を得るために取引先を接待した際に支払った飲食代金
- 取引先との商談後に、同行した同僚と商談内容をまとめるために入った喫茶店のコーヒー代
- 取引先へ訪問する際にかかった電車代、タクシー代
- 仕事で必要なパソコンなどの購入費
- 新規事業を検討・研究するために購入した書籍代

どれも事業を
行うために
必要な支出です

税務署

経費にならない支出

- 家のリフォームにかかった費用
- 家族と食事をしたファミレスでの食事代金
- 友人との旅行代金
- 自宅で使うエアコンや冷蔵庫の購入代金
- 借入金の返済
- 生命保険料の支払い

事業には
直接関係がない
支出です

税務署

> 事業を行うために借入金は必要ですが、借入をした際に収入とならないため、返済のときも支出とはなりません。一方、生命保険は、事業に生命保険の加入は必ずしも必要ではなく、また生命保険控除という別のルールがあるため、経費とはなりません

概要│02

支出を経費にすると
どんな**メリット**がある?

A. 納めるべき税金が少なくなる

　経費になる支出が、年間を通して1つもなかったとしましょう。その場合、1年間の売上高が100万円だったら、売上高100万円−経費0円=利益100万円となり、すべての売上高が利益になります。

　利益が大きいと、税金がかかる金額もその分大きくなります。そのため、**経費になる支出があると、利益を少なくする効果があり、それは納める税金が少なくなることにつながるのです。**

　売上高が100万円で経費になる支出が40万円あったとすると、40万円分の利益が圧縮され、利益が60万円になります。仮に税率が20%だった場合、利益が100万円だと20万円、利益が60万円だと12万円が税金として課せられるので、納税額に約8万円もの差が出てきます（右図参照）。

　利益が変わると税金だけではなく、国民健康保険料の金額や各種手当の金額も変わってきます。そのため、事業に少しでも関連のある支出を経費にすると大きなメリットがあるように感じる人が多いのです。

経費の金額は納税額に影響する

☑ 税率20％の場合

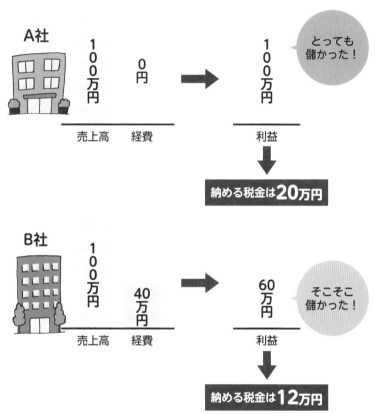

A社

100万円　0円
売上高　経費

→

100万円
利益

とっても儲かった！

納める税金は**20万円**

B社

100万円　40万円
売上高　経費

→

60万円
利益

そこそこ儲かった！

納める税金は**12万円**

▶ 経費の金額が多いと税金の納付額が減る

15

概要│03

経費になる／ならないの 判断基準はどこにある？①

A. 「事業関連性」があると経費になる

経費になる＝費用に計上できる、とわかりましたが、経費になる／ならないは「事業関連性がある支出か否か」で判断できます（右上図参照）。**事業関連性のある支出とは、事業運営において必要不可欠な支出のことです。**事業を運営するにあたって、仕入れや給料などの人件費、福利厚生費、地代家賃など、さまざまな支出が発生します。それらの支出が事業運営において必要不可欠かどうかを**「その事業を行わなければ支出が発生する機会がないか」という基準で判断でき**、発生する機会がない支出が事業関連性のあるものとなります（右下図参照）。

たとえば、飲食店を経営していると発生する、食材の仕入や調理道具の購入、アルバイトへの給料、制服の購入などは、その事業を行わなければ支出する機会がないものと考えられ、事業関連性があるといえます。一方、友人との飲食代金や自宅で使用する文房具や電化製品の購入などは、事業を行っていなくても支払わなければならない支出です。つまり事業関連性のある支出ではないので、経費にはなりません。

経費になる／ならないの判断基準

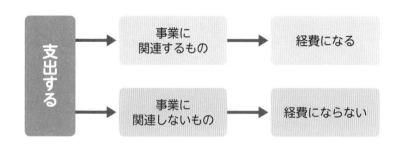

事業関連性の例

☑ 文房具店が消しゴムを購入した場合

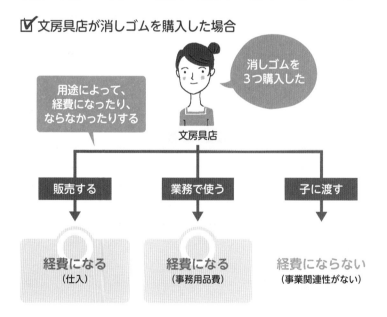

概要｜04

経費になる／ならないの判断基準はどこにある？②

A. 「課税の公平性」があると経費になる

　「事業関連性のある支出か」という観点に加えて、**同規模で展開している同業他社と同じくらいの課税額になっているか**という「課税の公平性」の観点も、経費になる／ならないの判断材料となります。

　タピオカ屋さんAとタピオカ屋さんBがあったとします。AとBのお店は、1月から12月までの12カ月間の売上高や経費の金額、利益すべてが同じでした。税金は利益に対して税率を掛け合わせて算定されるので、利益が同額の場合、納める税金も当然同額になります。また、課税が公平であるためには税金の計算方法が同じというだけでなく、経費に計上できる範囲も同じでなければなりません（右図参照）。これが課税の公平性という考え方です。

　課税の公平性が要求されるのは、事業関連性での判断が微妙なときです。たとえば、仕事で着用するスーツの購入費や、同業者でもあるが友人でもある人との食事代金など、事業関連性の有無の判断が微妙なときに、売上に占める経費の割合が、同業他社と比較して著しく高過ぎないか、という観点で判断されるのです。

課税の公平性の例

スーツは
必要ないから
買っていません

仕事のために
スーツを3着
買いました

 タピオカ屋A

・年間売上高：2700万円
・経費：**1500**万円
・利益：1200万円

タピオカ屋B

・年間売上高：2700万円
・経費：**1500＋100**万円
・利益：1100万円

スーツ代100万円を経費として計上した

タピオカ屋Bの利益は、タピオカ屋Aより
スーツ代100万円分少なくなる

不公平

タピオカ屋Bの納める税金が、
タピオカ屋Aより少なくなる

タピオカ屋はスーツがなくても営
業可能です。必要不可欠でないも
のを経費にすると不公平になるた
め、スーツ代は経費になりません

税務署

概要 | 05

税務署は領収書の
どこを確認する?

A. 但書や費用の内容を中心に見る

経費処理などの会計が適切に行われているかどうかを判断するために税務署が見るのが、帳簿と領収書です。帳簿とは、売上などの収入や経費の内訳を取りまとめた資料のことで、一般的な会計ソフトを使って経理処理をしていると必ず作成されています。帳簿には売上や経費だけでなく、保有している資産や借金についても詳細に記録されています。

そして、帳簿に記載されている費用の内容の詳細を知るために、税務署は領収書を見ます。帳簿に書かれた費用と但書やレシートの内容が一致するか、その費用の内容は経費として計上しても問題がないものかどうかを、税務署は事業関連性や課税の公平性の基準で判断します(右図参照)。

また、**架空経費がないかもチェックしています。**たとえば同日の飛行機チケットや同日の別場所での宿泊費の有無などです。いずれにしても、ルールに沿って経費計上しているかどうか、という点を確認しているので、宛名が漏れていることや整理整頓の状態を見ているわけではありません。

税務署が確認するポイント

令和2年	摘要	仕丁	借方	令和2年	摘要	仕丁	貸方		
					4	1	仕入	1	1000

妥当な
仕入内容だから
経費になる

税務署

帳簿と領収書の内容が一致

領収書
¥1000
但し:消しゴム購入のため
○○商会株式会社

令和2年	摘要	仕丁	借方	令和2年	摘要	仕丁	貸方		
					4	1	仕入	1	11000

領収書の金額より
多い額を帳簿に
記入している。
架空経費だろう

税務署

帳簿と領収書の内容が不一致

領収書
¥1000
但し:資材費のため
○○文具株式会社

概要 | 06

税務調査で経費と認められないとどうなる？

A. 修正申告を行い納税する必要がある

　支出が経費として認められるかどうかは、税務調査のときに判断されます（右図参照）。日本の所得税や法人税の納税制度は、国や自治体が納税額を算定してくれる賦課課税方式ではなく、自分で税金を算定し、その金額を自分で納税する確定申告制度です。そのため、経費にならない私的な旅行を費用として計上し、確定申告をしても、その場では税務署に指摘されることはありません。経費かどうか怪しいものは、顧問税理士に「ダメ」といわれるかもしれませんが、税務署は確定申告時に判断せず、税務調査を行うときに数年さかのぼって判断します。

　税務調査で、経費計上していたものが経費として認められなかったときは、修正申告が必要となります。修正申告を行うと、納めるべき税金とすでに納めている税金の差額分だけでなく、延滞税という利息に相当する税金と、過少申告加算税という罰金的な税金も納めなくてはなりません。また、**悪意のある脱税と認められた場合は、過少申告加算税よりも罰が重い、重加算税が課せ**られます。

税務調査の流れ

税務署から連絡がくる

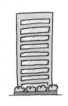

・税務署が調査する会社を決めたら連絡がくる
・自社ではなく取引先が疑われている可能性もある

調査日が決まる

・調査の日程調整をする
・調査までに修正すれば加算税を支払わなくてよい

調査

・調査は1〜2日で調査終了
・午前中から始まることが多い

税務署

誤った経費処理が発覚

・経費処理のミスが指摘された場合は納付書を渡される
・納得できなければ異議申し立てもできる

悪意があると
認められたら
より重い重加算税が
課される

納税する

・延滞税・過少申告加算税と合わせて金融機関で納税する

概要 | 07

青色申告は
していたほうがよい？

A. 青色申告をしていると得できる

　個人事業主でも法人でも開業したら、青色申告承認申請書の提出をするとよいかと思います。この書類を提出することで、次のようなメリットが受けられます。

- 10万円〜55万円の青色申告特別控除を受けることができる（個人事業主のみ）
- 過去の赤字を繰越し、将来の利益と相殺することができる（法人・個人）
- 10万円超30万円以下の消耗品を購入したときに、300万円までその年で全額費用処理できる（法人・個人）
- 家族や親戚が従業員として働いている場合、家族や親戚の給与を経費に算入することが可能（個人）

青色申告を行うためには、原則として開業日から2ヵ月以内に青色申告承認申請書を税務署へ提出しなくてはなりません（ただし、開業日が1月1日〜1月15日の場合は、3月15日が提出期限です）。

青色申告の承認申請書の記入例

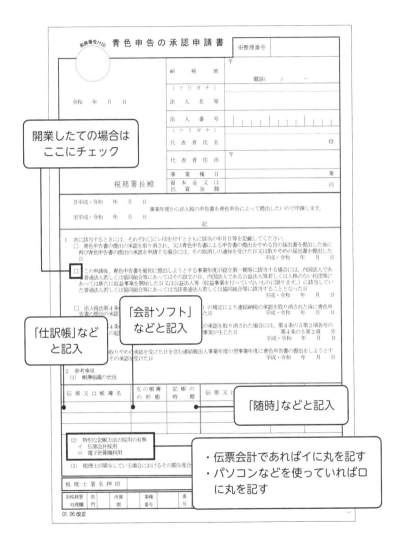

税務署受付印　**青色申告の承認申請書**　※整理番号

〒
納　税　地
電話(　　)　　－

(フ リ ガ ナ)
法 人 名 等

令和　年　月　日

法 人 番 号

(フ リ ガ ナ)
代 表 者 氏 名　　　㊞

〒
代 表 者 住 所

税務署長殿

事　業　種　目　　　業
資 本 金 又 は　　　円
出 資 金 額

自平成・令和　年　月　日
至平成・令和　年　月　日
　　　　事業年度から法人税の申告書を青色申告によって提出したいので申請します。
記

1　次に該当するときには、それぞれ□にレ印を付すとともに該当の年月日等を記載してください。
　□　青色申告書の提出の承認を取り消され、又は青色申告書による申告書の提出をやめる旨の届出書を提出した後に
　　再び青色申告書の提出の承認を申請する場合には、その取消しの通知を受けた日又は取りやめの届出書を提出した
　　日　　　　　　　　　　　　　　　　　　　　　　　　　　　　　　　　　　平成・令和　年　月　日
　□　この申請後、青色申告書を最初に提出しようとする事業年度が設立第一期等に該当する場合には、内国法人であ
　　普通法人若しくは協同組合等にあってはその設立の日、内国法人である公益法人等若しくは人格のない社団等に
　　あっては新たに収益事業を開始した日又は公益法人等（収益事業を行っていないものに限ります。）に該当してい
　　た普通法人若しくは協同組合等にあっては当該普通法人若しくは協同組合等に該当することとなった日
　　　　　　　　　　　　　　　　　　　　　　　　　　　　　　　　　　　　　平成・令和　年　月　日
　□　法人税法第4条　　　　　　　　　　　　　　　の規定により連結納税の承認を取り消された後に青色申
　　告書の提出の承認　　　　　　　　　　　　　　　　　　　　　　　　　　　平成・令和　年　月　日
　□　　　　法第4条　　　　　　　　　　　　　　　の承認を取り消された場合には、第4条の5第2項各号の
　　　　　　　の起算　　　　　　　　　　　　　　　事実が生じた日　　　　第4条の5第2項　　号
　　　　　　　　　　　　　　　　　　　　　　　　　　　　　　　　　　　　　平成・令和　年　月　日
　□　　取りやめの承認を受けた日を含む連結法人事業年度の翌事業年度に青色申告書の提出をしようとす
　　　　その承認を受けた日　　　　　　　　　　　　　　　　　　　　　　　平成・令和　年　月　日

2　参考事項
　(1)　帳簿組織の状況

伝 票 又 は 帳 簿 名	左の帳簿 の 形 態	記帳の 時 期	伝 票 又 は

　(2)　特別な記帳方法の採用の有無
　　イ　伝票会計採用
　　ロ　電子計算機利用
　(3)　税理士が関与している場合におけるその関与度合

税 理 士 署 名 押 印					
※税務署 処理欄	部 門	決算 期	業種 番号	番 号	

01.06 改正

**開業したての場合は
ここにチェック**

**「仕訳帳」など
と記入**

**「会計ソフト」
などと記入**

「随時」などと記入

**・伝票会計であればイに丸を記す
・パソコンなどを使っていればロ
　に丸を記す**

個人事業主と会社の社長
経費で得するのはどっち？

経 費になる／ならないの範囲は事業関連性と課税の公平性という2つの観点を中心に判断されます。事業関連性は、個人事業主でも法人でも判断基準は変わらないので、どちらが得とも損ともならない可能性が高いです。一方、課税の公平性。こちらは一般的に、個人事業主のほうが株式会社や合同会社などの法人に比べて判断が緩やかといわれています。すなわち、個人事業主のほうが経費にしている支出が多いということです。

また、銀行などからの融資を受けている場合は、利益が出ていないと返済できないと思われてしまうため、一定の利益が必要になります。そのため、融資を受けている人は、融資を受けていない人に比べて、経費計上する範囲が少なくなる傾向にあります。一般的に法人のほうが個人事業主よりも融資を受けており、借入金額が大きいことが多いことを踏まえると、個人事業主のほうが経費計上しやすい傾向にあるのかもしれません。

ただし、大原則は、事業関連性と課税の公平性です。これを満たすものは経費になり、満たさなければ法人でも個人事業主でも経費計上できません。

■ **経費判断の大原則**

両方を満たすと経費になる

事業
関連性

課税の
公平性

2章

概要 領収書の基本

経費を費用に計上するためには、領収書の"ルール"を守らなくてはなりません。そのルールの基本を知りましょう。

概要 | 01

結局のところ
領収書って何?

A. 金銭を受け取ったことの証明書

　領収書とは、代金の受取人が支払者に対し、なんらかの対価として金銭を受け取ったことを証明するために発行する書類のことです。費用の詳細を知るために、税務署は領収書を見ますが、そもそも何が「領収書」として認められるのでしょうか。

　領収書とは手書きのもので、印字されたものはレシートだと思っている人もいるかもしれませんが、実はどちらも領収書です。必要な情報が記載されていれば、税務上、領収書として認められます。レシートではなく丁寧に手書きの領収書をもらっている個人事業主の人もいますが、手書きの領収書では但書でしか内容の確認ができないので、むしろ、**購入したものの詳細までわかるレシートのほうが、税務署職員によく思われることが多い**です。また、領収書はPDFを印刷したものでも問題ありません。

　ただし、レシートを領収書とする場合は、日時、商品やサービスの内容、金額だけでなく、レシートの発行会社や店舗名が記載されていないと領収書として認められないことがあるので、受け取った際に確認するようにしましょう（右図参照）。

領収書をもらうときに注意するポイント

☑ 手書きの領収書の場合

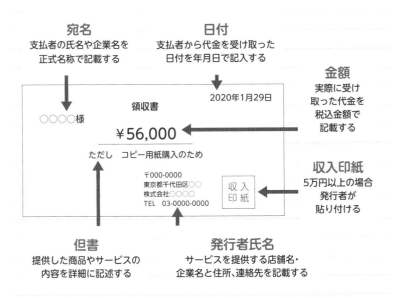

宛名
支払者の氏名や企業名を
正式名称で記載する

日付
支払者から代金を受け取った
日付を年月日で記入する

金額
実際に受け
取った代金を
税込金額で
記載する

領収書

○○○○様

2020年1月29日

￥56,000

ただし　コピー用紙購入のため

〒000-0000
東京都千代田区○○
株式会社○○○○
TEL　03-0000-0000

収入
印紙

収入印紙
5万円以上の場合
発行者が
貼り付ける

但書
提供した商品やサービスの
内容を詳細に記述する

発行者氏名
サービスを提供する店舗名・
企業名と住所、連絡先を記載する

☑ レシートの場合

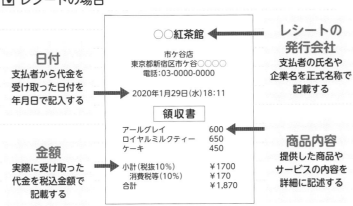

日付
支払者から代金を
受け取った日付を
年月日で記入する

金額
実際に受け取った
代金を税込金額で
記載する

○○紅茶館

市ケ谷店
東京都新宿区市ケ谷○○○○
電話:03-0000-0000

2020年1月29日(水)18:11

領収書

アールグレイ	600
ロイヤルミルクティー	650
ケーキ	450
小計(税抜10%)	￥1700
消費税等(10%)	￥170
合計	￥1,870

レシートの発行会社
支払者の氏名や
企業名を正式名称で
記載する

商品内容
提供した商品や
サービスの内容を
詳細に記述する

概要 | 02

もらった領収書は
どうやって**保存**する？

A. 月ごとに分けて袋詰めする

　以前は税務署職員の心証をよくするために、もらった領収書をＡ４用紙に糊で整然と貼り付けて保管する方法が見受けられましたが、月ごとに分けて封筒に入れておけば問題ありません。

　領収書を保管する理由は、**税務調査のためにも保管義務がある**からです。保管期間は７年と覚えておきましょう。また、領収書の保存方法は、紙での保存をお勧めしています。データとして電子的に保存することは、電子帳簿保存法という法律が1998年７月に施行され、認められていますが、保存要件がまだ厳しい点もあるため、紙での保管がよいでしょう。

　また、税務調査時に経費の実績を説明する責任は納税者である私たちにあります。**領収書は税務調査時にすぐ見つけられる状態にしておけばよい**ので、月ごとに分けて袋詰めして保管すればよいでしょう（右上図参照）。この保管方法が原因で、税務調査の際に追徴課税などをされたことはありませんので、問題はないでしょう。

領収書の保管方法

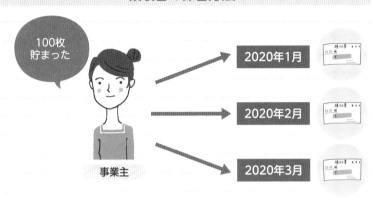

月ごとに分けて保存する

便利なレシートデータ化サービス

(https://streamedup.com/)

概要 | 03

宛名が書いていない領収書も有効？

A. 宛名の有無はそれほど問題ではない

　領収書に宛名が記載されていなくても、税務調査の際に、経費として処理することを否定される可能性は低いです。

　ただし、手書きの領収書の宛先が空欄だと、印字されたレシートよりも記載されている情報量がより少なくなるため、本当に経費として認められる支出なのかの説明が難しくなってしまいます。**宛名が記載されていると、経費としての実在性を説明する根拠の1つになる**ので、手書きの領収書の場合は、とくに記載してもらうようにしましょう。宛名は会社名でなくとも、個人名でも屋号でもかまいません。

　また、手書きでもらう領収書の内容は、すべて発行元が記入しなければなりません。空欄の宛名に書いたり、他人から宛名空欄の領収書をもらって自社の名を書いたりするだけでも罪に問われることがあります（右図参照）。仮に領収書を改ざんした場合、有印私文書変造罪などの罪になるとともに、**改ざんした領収書を用いて脱税したことが税務調査時に判明した場合は、重加算税が課せられるおそれがあります**。

領収書の改ざん例

☑ 他人から宛名空欄の領収書をゆずってもらう

友人　→　事業主　──加工──→　経費として処理する ✕

☑ 0や1を加筆して金額を調整する

いずれも罪に問われるおそれがあります

事業主　──加筆──→　経費として処理する ✕

☑ 但書に事実と異なる内容を記載してもらう

店舗　──偽の領収書をもらう──→　事業主　──加工──→　経費として処理する ✕

概要 | 04

領収書を失くしたら その分は経費にならない?

A. 領収書がなくても経費になる

　取引先などへの祝金やお見舞金など、金銭を渡したことの証明として領収書をもらえないケースもあるでしょう。そのような場合、金銭を渡した事実を証明できるように、結婚式の案内状やスケジュール帳、メールのやりとりなどの**証拠を領収書がわりに保管**しておけば経費として認められます（右図参照）。

　また、もらった領収書を紛失してしまった場合でも、支出の事実がわかるように、紛失の経緯や使用した金額、どこで何のための支出だったのかを出金伝票やExcelなどに残しておくと、領収書がわりとして認められます。ただし、高額なものを購入し、その領収書を紛失したのであれば、税務調査の際に指摘される可能性が高いので、可能であれば発行元に再発行してもらうのがよいでしょう。

　クレジットカードで支払った際にも、領収書やレシートの保存は原則必要になります。**カードの利用明細だけでは経費として否認されることがある**ので、領収書を保存することをお勧めします。

領収書を紛失した際の対応例

case1

金銭を渡したことの
証明として領収書が
もらえなかった

▶▶▶

金銭を渡した事実を証明する
結婚式の案内状やスケジュール帳、
メールのやりとりなどの証拠を
領収書がわりに保管する

case2

領収書をもらったが
紛失してしまった

LOST

▶▶▶

紛失の経緯をメモする
失くした経緯や使用した金額、
支出の内訳を出金伝票やExcel
などに残して保管する

高額な領収書の
場合は
再発行を依頼！

case3

クレジットカードで
支払った

▶▶▶

**カードの明細書を
印刷し保管する**

概要 | 05

支払った金額の一部を
書いてもらったものは？

A. 問題なく経費処理できる

　領収書は、支払った全額を記載したものを発行してもらう必要はありません。たとえば、同業種の知り合い4人で食事をし、合計金額が2万円になったとします。この場合、1人あたりの支払い金額は5000円です。このようなケースでは、5000円の領収書を4枚ください、とお店に伝えましょう。こうすることで、4人とも**支払った金額分の手書きの領収書をもらうことができ、各自、経費として処理できます**（右図参照）。

　また、合計金額が2万円だったものの、自分が支払った金額は5000円の場合、経費に計上できるのは、当然ながら5000円までです。

　経費にできるのはあくまでも自分が支払った金額だけなので、2万円の領収書やレシートが手元にあったとしても、2万円のレシートの裏に「内、支払い金額は5000円」と記載し、経費処理をすることになります。**5000円しか払っていないのに2万円を経費として処理してしまうと、経費の過大計上となり脱税とみなされてしまうので、注意してください。**

経費として認められる分配方法

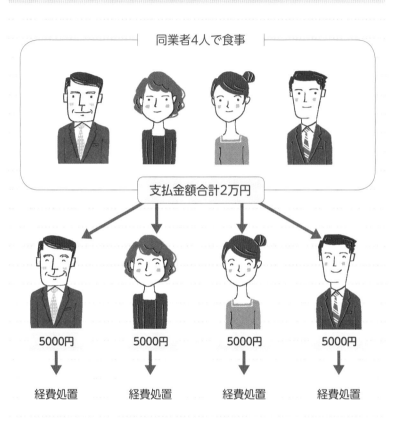

同業者4人で食事

支払金額合計2万円

5000円	5000円	5000円	5000円
経費処置	経費処置	経費処置	経費処置

▶ 等しく分配したので経費として認められる

概要│06

領収書の書き方で
納税額は変わる？

A. 消費税額は変わる可能性あり

　領収書に記載すべき事項がしっかり記載されていれば、所得税や法人税、消費税に影響はありません。領収書に記載されている情報が少なくても、所得税と法人税では経費と認められることが多いため、税額が変わる可能性は低いです。しかし、**所得税や法人税と計算方法の違う消費税は、しっかり記載されていないと税額が変わります。**

　2019年10月より消費税率が10％となり、食品などの一部の商品は軽減税率の8％が導入されました。かんたんな説明になりますが、2年前の課税売上高が1000万円を超えている場合、消費税の確定申告が必要になる可能性があります。消費税の納税するべき金額の計算は原則、「預かった消費税−支払った消費税」で計算され、支払った消費税を集計する際に、軽減税率で8％だった部分は8％で計算しなければなりません。そのため、受け取った領収書に消費税の金額が10％と8％で区分して記載されていないと、支払った消費税の金額を集計できず、消費税の納税金額を間違えてしまうことになるのです（右図参照）。

領収書における消費税の記載例

☑️ 誤った例

```
            領収書

キッチンペーパー  2200円
白米            2160円
サランラップ      4400円
_____
合計            8760円
```

税率が分けて記載されていない

消費税の金額がきちんと記載されていないと、「本当は8％で支払っているのに、納税額は10％で納めてしまう」という間違いが起こりやすくなります ❌

☑️ 正しい例

```
            領収書

キッチンペーパー  2200円
白米            2160円
サランラップ      4400円
_____
8％適用分        2160円
10％適用分       6600円
_____
合計            8760円
```

税率が分けて記載されている

消費税額を8％と10％で区分して記載することで、支払った消費税の金額を間違えずに集計することができ、正しい金額で納税することができます ⭕

概要 | 07

高額な領収書なのに
印紙がないけど大丈夫?

A. 貼る責任は発行者にある

　領収書に記載された金額が5万円以上の場合、収入印紙の添付と消印が必要です。領収書を発行する人は、収入印紙をただ貼り付けるだけではなく、使用済の切手に消印が押されているように、サインや印鑑で収入印紙が再使用できない状態にする必要があります。これは、税務に関する法律の1つである「印紙税法」により決められたルールなので、守らなければ違法となります。

　領収書を受け取る側は、収入印紙の添付についての責任はなく、発行した側が責任に問われることになっているため、**もし忘れていることに気付いたら、教えてあげる程度で十分でしょう。収入印紙の添付が漏れていると、発行側は印紙の額面の3倍にあたる金額を過怠税という罰金の税金を支払う義務が課せられる**場合があります。

　皆さんが営んでいる事業によっては、領収書を発行することもあるでしょう。領収書の発行義務があるわけではありませんが、発行を拒むこともできないので、5万円を超える金額だった場合はしっかり発行し、収入印紙の添付と消印しましょう。

領収書に添付すべき収入印紙の金額

購入金額	収入印紙の金額
5万円未満	非課税
5万円以上〜100万円以下	200円
100万円超〜200万円以下	400円
200万円超〜300万円以下	600円
300万円超〜500万円以下	1000円
500万円超〜1000万円以下	2000円
1000万円超〜2000万円以下	4000円
2000万円超〜3000万円以下	6000円
3000万円超〜5000万円以下	1万円
5000万円超〜1億円以下	2万円
1億円超〜2億円以下	4万円
2億円超〜3億円以下	6万円
3億円超〜5億円以下	10万円
5億円超〜10億円以下	15万円
10億円超	20万円

概要│08

架空経費で脱税をすると どうやってバレる?

A. 見る人が見るとバレるもの

　領収書に関する脱税テクニックが数多く出回っていますが、架空経費での脱税は「見る人が見るとバレる」ものです。会計や税務に携わる私は、ミクロの視点とマクロの視点で脱税しているか否かを調べていきます。

　ミクロの視点の例は、領収書に記載されている支払い方法の箇所です。クレジットカードや交通系ICでの支払いの場合、領収書にカード番号が記載されていることがあります。その場合、会社や事業主が**保有しているクレジットカードの番号と照らし合わせ、領収書のカード番号と一致しない場合は、脱税の可能性が高い**と判断します。

　マクロの視点では、貸借対照表を見ます。売上と経費が記載されている「損益計算書」のほうが重要だと思うかもしれませんが、会社の資産などが記載されている**「貸借対照表」が税務調査では重視されます**。その中でも、個人事業主の場合は、「現金」「事業主貸(借)」、法人の場合は「役員未払金」の内訳を見て、脱税があるかどうか判断するケースがあります。

貸借対照表で注意する科目

貸借対照表			負債・資本の部		
科目	4月1日 （期首）	3月31日 （期末）	科目	4月1日 （期首）	3月31日 （期末）
現金	200,000	230,000	支払手形	0	0
当座預金	0	0	買掛金	400,000	440,000
			借入金	9,000,000	8,000,000
異常に多いと、売上に計上せず、会社の金庫に入れている可能性を疑われる			未払金	400,000	500,000
受取手形	0	0	前受金	0	0
売掛金	100,000	150,000	預り金	0	0
有価証券	0	0	役員報酬を一部後で払って、所得税を納めない可能性を疑われる		
棚卸資産	200,000	230,000			
前払金	0	0			
貸付金	0	0			
建物	0	0			
建物付属設備	8,320,000	7,600,000			
機械装置	0	0			
車両運搬具	0	0		0	0
工具器具　備品	0	7,800,000	貸倒引当金		
たとえば、額が異常に多いと、そのお金はどうやって捻出したのか、何に使っているのか疑われる			事業主借		10,000
			元入金	5,200,000	520,000
事業主貸		30,000	青色申告		8,500,000
合計			合計	99,200,000	26,100,000

概要｜09

経費にした費用は どの勘定科目にする?

A. 勘定科目はオリジナルでもOK

　勘定科目とは、会計用語で経費の内訳を呼ぶときの呼称です。「入金や出金の内訳」ととらえるとイメージしやすいかもしれません。

　クライアントに「どの勘定科目にしたらよいかわからない」とよく聞かれますが、**正直、勘定科目はなんでもよい**のです。極論ですが、消費税の扱いの違いだけわかればよいので、人件費と雑費の2種類だけでもよいくらいです。勘定科目を細かく分ける理由は、あとで自分が見返したときに分析しやすいようにするためです。「仕入れの金額が売上に対して高くなっているな」、「消耗品費が増えてるけどどうしてだろう?」と前年や同業他社と比較したときに、勘定科目が細かく分かれていると原因がわかりやすいです。なお、税金の計算上は、消耗品費で登録しても仕入高で登録しても税額にはほぼ影響はないので、安心してください。

　また、勘定科目は会計ソフトで初期設定されていますが、オリジナルの勘定科目をつくっても問題ありません。あとで分析する際にわかりやすい勘定科目にセットしておくとよいでしょう。

経費でよく使われる勘定科目とその内容

勘定科目名	内容
役員報酬	役員に対する報酬
給料手当	従業員に対する給料
雑給	アルバイト・パートタイマーに対する給料
賞与	ボーナスのこと
退職金	退職に際して支払う一時金
福利厚生費	従業員の慰安・健康などのために支払う費用
旅費交通費	交通機関の交通費など
通信費	電話・郵便などの通信費用
販売促進費	販売促進のための費用
荷造運賃	包装・荷造・運搬費用
広告宣伝費	商品などの広告や宣伝のための費用
接待交際費	得意先などの接待や交際のための費用
会議費	打ち合わせや会議のための費用
車両費	車両のガソリン燃料費や車検費用
水道光熱費	電気・ガス・水道料など
消耗品費	蛍光灯や電池等消耗する費用
租税公課	印紙税・自動車税などの費用
賃借料	リース料やレンタル料など
修繕費	有形固定資産の現状を維持するための費用
減価償却費	有形固定資産の価値減少分を費用としたもの
仕入	商品をつくるための原材料の購入代金など
研修費	業務をする上で必要な研修などにかかった費用
雑費	販売費・一般管理費で上記に該当しない費用

消費税の納税義務は
いつから発生するの？

個人事業主にとって消費税の納税が必要かどうかは、手元に残るお金に影響するため、気がかりな点の一つです。

インターネットで検索すると、開業から2年は消費税の納税がない、売上1000万円までは消費税の確定申告は不要、などと書かれたサイトが多く出てきますが、実際のところ、消費税を納めなくてもよい期間（免税期間）は、どういった基準で決まるのでしょうか。

消費税の納税義務がある人は、原則、2年前の課税売上高が1000万円を超えている人です。課税売上高というのは、消費税が課せられた売上の合計額です。消費税を抜いた金額で売上高を計算するので、たとえば、（2018年に）1080円の商品を売った場合の課税売上高は1000円です。

あくまでも消費税が課税されている売上高が対象です。住居用のアパート経営や有価証券の譲渡のような場合は消費税が課税されないため、売上高はあっても、課税売上高は0円となります。

2020年の確定申告で消費税の申告が必要かどうかをみる1つのポイントは、2018年（2020年の2年前）の売上高（税抜）が、1000万円を超えているかどうかになります。2018年に1000万円を超えている場合、2020年は消費税の納税が必要であり、消費税の確定申告も必要となるので、2年前の課税売上高を確認するとよいでしょう。

3章

基本 業務にまつわる経費〜Part1

経費処理時に生じるケースバイケースの悩みを解決しましょう。ポイントは事業関連性の有無と課税の公平性です。

基本 | 01

定期券はあるが終電前のタクシー代は経費になる？

A. 合理的な理由があれば経費になる

　定期券があるからといって、電車を使うことを強制されるわけではありません。クライアントと飲んで酔っ払い、足取りがおぼつかない状態で電車に乗ると、思わぬ事故になる可能性があります。この場合、リスク回避や安全性の確保という観点から、**タクシーに乗る合理的な理由だと認められる**ので、**経費になります**。ただし、毎日タクシーを利用して帰宅していると、タクシー代ではなく定期代が経費として否認される可能性があります。

　また、個人事業主の場合、売上を増やすため＝事業のために使った交通費は経費として認められます。タクシー代以外にも、電車代やバス代、高速道路利用料は経費にできます（右上図参照）。電車代やバス代のように領収書が発行されない交通費の場合、出金伝票やエクセルに記録を残すと領収書のかわりにすることができます。このときは、日付、金額、交通機関、区間、何のために利用したか、などを書き、利用目的は「取引先にいくため」などとざっくりと書くのではなく、「〇〇株式会社で打ち合わせのため」と具体的に書きましょう（右下図参照）。

経費となる交通費の例

従業員 → 会社

自宅から会社に向かうまでの電車やバスの代金

会社 → 取引先

出張などで利用した新幹線や飛行機の代金

> 業務のためにかかった費用はすべて
> **旅費交通費として計上可**

交通費の記録の残し方

交通費精算書

日的は詳細まで
しっかりと記載する

申請日	
所属	
氏名	

日付	利用路線	出発	到着	片道/往復	金額	目的
2月3日	タクシー	水道橋	市ケ谷	往復	1780円	○○株式会社で打ち合わせのため

基本 | 02

旅費規程の元、
支払う日当は経費になる？

A. 個人事業主は実費のみ経費になる

　「えっ、そうなの〜！？」という声が聞こえてきそうですね。**法人の場合、出張旅費規程を作成すれば従業員だけでなく社長などの役員にも日当を払うことができます。**しかし、個人事業主は実費分しか経費になりません。法人の場合は会社と事業主が法的に別個の存在であることに対し、個人事業主の場合、個人事業主と事業主自身は同じ存在であり、同一人物間の資金移動にすぎないとみなされるからです。そのため、どうしても出張の日当を出したい場合は法人化する必要があります。

　一方で、従業員全員を対象にした旅費出張規程を作成すれば、個人事業主が雇う従業員に対しては日当を支払えます（右図参照）。作成した出張旅費規程は、税務署へ提出する必要はなく、役職によって金額に差をつけてもよいです。この規程をつくるメリットは、日当が給与扱いされないので所得税や住民税の対象にならず、社会保険料の報酬に該当しない点にあります。規程をうまく活用すれば節税になるのです。また、従業員側からしても日当が出ると、モチベーションアップにもつながります。

出張旅費規程の作成項目

作成項目	内容の決め方
規定の範囲	対象となる人の範囲を決める
出張の定義	距離で決める
日当の額	役職ごと、距離ごとに決める
交通費	鉄道、航空機、船舶、バス、タクシーの項目を作成する。ガソリン代や高速代についても決める
宿泊費	役職ごとに決める
出張手続き	出張の承認、旅費の精算方法を決める
出張時の残業休日について	出張先で残業や休日出勤だったときの取り扱いを決める

役職別一日あたりの日当の目安

役職	日帰り出張	宿泊出張	宿泊料
社長	4621円	4799円	1万4242円
取締役	3079円	3518円	1万1784円
部長クラス	2491円	2809円	9870円
課長クラス	2309円	2593円	9291円
係長クラス	2076円	2337円	8929円
一般社員クラス	1954円	2222円	8723円

出所：株式会社産労総合研究所
「2017年度国内・海外出張旅費に関する調査」より編集部作成

基本 | 03

残業をしている従業員への出前は経費になる?

A. 条件を満たせば全額経費になる

　福利厚生費として残業時の食事代を経費にできる条件は4つです（右図参照）。

　1つ目は、**実費金額を会社が負担すること**。食事の提供方法は問いませんが、経費になるのは実費分のみです。会社が直接支払えないときは、従業員に領収書を提出してもらい、精算します。実費精算せずに従業員へ食事代を渡してしまうと、実質的な給与とみなされ源泉徴収の対象になります。

　2つ目は、**常識的な金額の範囲内であること**。高級レストランや料亭で食事をした場合は、交際費や給与に認定される可能性が高いです。残業終了後に食事をし、ビールを少し飲む程度であれば、福利厚生費としての残業食事代が認められます。

　3つ目は、**食事提供が困難で現金支給するときは1回300円以下にすること**です。近くに食事をするお店がなく、出前も困難な場合、300円以下であれば、残業食事代として経費にできます。

　4つ目は、**従業員全員を対象とすること**です。特定の従業員のみに残業飲食代を支給すると、交際費や給与とみなされます。

経費になる食事代の条件

❶実費全額を会社が負担すること

合計7000円
すべて会社負担！

「5000円以上は
自費負担とする」などは
認められない

❷食事代として常識的な金額の
範囲内であること

1人
600円
まで！

高級レストランや料亭での
食事は認められない

❸現金支給する場合は
1回300円以下であること

150円の
おにぎりを
購入！

実費精算ではなく、
300円／回を超える
現金支給は認められない

❹従業員全員を対象にすること

部長も社員も
支給！

役員のみなど、
特定の従業員を対象に
支給したら認められない

基本 | 04

従業員を住まわせる社宅の賃料は経費になる？

A. 賃料の一部は経費になる

　従業員に社宅や寮を貸与している場合、経費にできる金額には条件があり、**従業員から賃貸料相当額の50％以上を受け取っている場合、事業主は受け取っている家賃と賃貸料相当額の差額分を「地代家賃」として経費にできます**（右上図参照）。

　社宅規程を作成して社宅制度を導入すれば、従業員だけでなく、事業主に対しても適用されるので、事業主や従業員の家賃負担を抑えることができるとともに、節税にもつながります（右下図参照）。従業員に社宅や寮を無償貸与すると、賃貸料相当額が給与とみなされ課税対象となるので注意してください。例外として、看護師や守衛などのような、勤務先から遠い場所に住むと業務に差し支えるような従業員に関しては、無償貸与をしても給与として課税されない場合があります。また、社宅や寮を会社が借りて従業員に貸与するのではなく、住宅手当として従業員の家賃負担分を給与に上乗せして支給してしまうと、所得税や社会保険料が上がってしまうので、会社で社宅を用意してあげるほうが節税につながるでしょう。

社宅の賃料が経費になる条件

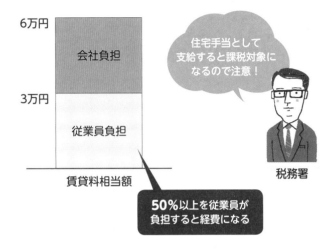

社宅規定の作成項目

作成項目	内容の決め方
規定の範囲	対象となる人の範囲を決める
入退去の要件・手続き	期間、諸条件、強制退去になる場合のルールなどを決める
家賃	本人負担分の家賃額については別途覚書を作成するのが望ましい
水道光熱費	費用負担を明確に決める

基本 | 05

生活用品を経費で
買って給与を下げたら？

A. 生活用品代が給与として経費になる

　社員の生活に必要なものを買ったとき、業務に関係するものであれば福利厚生費や消耗品費、交際費などの経費となりますが、**業務に関係ないものを購入して支給した場合は、現物給与とみなされます**（右図参照）。

　給与というと、お金のことをイメージする人が多いかもしれませんが、税務上の給与の範囲は、現金などの金銭に限らず、現物での支給も給与とみなされます。

　そのため、業務に関係ないものを社員に現物で支給した場合は給与となるので、金銭で支払う給与と同様に、源泉所得税の徴収が必要となります。

　会社や事業主は、原則、源泉所得税の徴収を行う必要があり、従業員への給与や個人の外注先への報酬を支払う際に源泉所得税を徴収しなければいけません。そして、徴収した源泉所得税を、原則、翌月10日までに納税する義務がありますが、常時働いている従業員が10名以下の場合、「源泉所得税の納期の特例の承認に関する申請書」を提出すれば、納税が半年に一度になります。

福利厚生と現物給与の違い

☑ 会社の従業員へ事業主が従業員にボールペンをあげた

ボールペンは業務に関係のあるもの
➡ **消耗品費**として認められる

☑ 建築会社が従業員に生活用の衣服をあげた

生活用の衣服は業務に関係のないもの
➡ **現物給与**とみなされる

源泉所得税の徴収が発生！

基本 | 06

奥さんを雇って支払った給与は経費になる？

A. 場合によっては経費になる

　個人事業主の場合、ケースによりますが、一部または全額が経費となります。

　奥さんに限らず、白色申告の人が配偶者および親族に対して支払う給与を「専従者給与」といい、青色申告の人が配偶者および親族に対して支払う給与を「青色事業専従者給与」といいます。**白色申告の場合、事業専従者控除額は、配偶者86万円、その他の親族は50万円と決められています。**一方、青色申告の場合は、妥当性のある報酬であれば、その全額が経費となります。

　青色事業専従者給与を経費として処理するためには、「青色事業専従者給与に関する届出書」の提出が必要です。この書類は、その年の3月15日までに提出しなければなりません（新たに事業を始めたときや、新たに青色事業専従者になった人がいるときは、2カ月以内に届け出ます）。また、青色事業専従者の全額を経費にする場合、3つの条件を満たさなければなりません（右図参照）。なお、法人の代表取締役の家族を雇い、支払った給与は、社会通念の範囲であれば全額経費になります。

申告者別専従者給与の経費処理方法

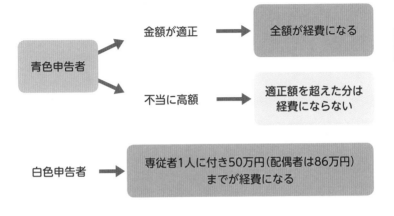

青色申告者
- 金額が適正 → 全額が経費になる
- 不当に高額 → 適正額を超えた分は経費にならない

白色申告者 → 専従者1人に付き50万円（配偶者は86万円）までが経費になる

青色事業専従者および白色事業専従者は、所得控除である「配偶者控除・扶養控除」の対象にはなりません！

青色事業専従者の給与を全額経費にできる条件

❶
専従者が青色申告者と生計を同一にする配偶者および親族であること

❷
当該年度の12月31日に15歳以上であること

❸
青色申告者の事業に6カ月を超えて専従していること

基本 | 07

外注と雇用の違いは？
どちらがお得？

A. 外注のほうが得なケースが多い

　損得で決める問題ではありませんが、どっちが得かというのは永遠のテーマだと思います（笑）。私もクライアントから何度も質問されましたし、クライアントによっては従業員を雇用から外注に切り替えた人もいました。

　そもそも**外注と雇用の違いは、役務提供を他人が代替して行えるか、請求金額を計算し、請求書を発行するのは誰か、といった5つの要素の判断基準の違いにあります**（右上図参照）。なぜ外注のほうが得なケースが多いのかというと、これは消費税と社会保険料に関係してきます。外注では消費税の控除を受けられるケースがあるため消費税の納税額が減るだけでなく、社会保険料を支払う必要がなくなるので、得といえるのです（右下図参照）。

　外注をしている場合、本当に外注なのか（雇用ではないのか）を税務調査時に確認される可能性があります。そのため、これら5つの項目を考慮した業務請負契約書を締結するとともに、外注の実態がわかるように発注に関する書類などを整理しておくことが大切です。

外注と雇用の判断基準

基準	雇用	外注
第三者への委託ができる（役務提供の代替が可能か）	○	×
自ら計算して請求書を発行している	×	○
事業者の指揮監督命令を受けている	○	×
商品やサービスの提供が完成していなくても代金を受け取ることができる	○	×
事業者から仕事に必要な用具や材料の提供を受けている	○	×

外注をするときは、これら5項目の内容をはっきりと明記するとともに、その実態がわかる書類などを整理しておきましょう

税務署

外注費と給与の違い

支払いの種類	外注費	給与
源泉所得税	源泉徴収は不要	源泉徴収は必要
消費税	控除あり	控除なし
社会保険料	会社の負担なし	会社負担あり

基本｜08

従業員へ配る
おやつは経費になる？

A. 経費にならないこともある

　このケースは経費になる可能性が高いですが、経費になるか否かの判断は、ここも同様に事業運営上の必要性がポイントとなります。

　おやつを従業員に配ることで、働きやすい職場づくりやモチベーションアップにつながるのであれば、経費になるでしょう。支給頻度や配る時間は経費になるか否かにあまり影響はありませんが、金額は大きく影響してきます。**お菓子を配る際は、贈答用の高額なものではなく、スーパーで購入できる安価なものにしましょう。**勘定科目は、福利厚生費になります（右図参照）。

　税務調査時に、おやつを現物給与ととらえられてしまうと、給料として源泉所得税の徴収が必要となり、脱税を指摘される可能性があるので注意してください。

　現物給与による源泉所得税の算定は非常に煩雑です。また、基本的に従業員の皆さんは大人ですし、毎日15時におやつを配らなくても働いてくれると思うので（笑）、毎日ではなく、お中元やお歳暮でもらったお菓子を配る程度がよいかもしれません。

お菓子が経費になる例

贈答品、手土産などで取引先に送った・持参したもの	お客様との打ち合わせ時に提供したもの	従業員の休憩用に用意しているもの
↓	↓	↓
ビジネス上、取引先との関係をよくする目的に使われる場合は経費になる	飲み物やお菓子だけでなく、昼食も経費になる	従業員のモチベーションアップを目的としているため経費になる
↓	↓	↓
交際費 として計上	**会議費** として計上	**福利厚生費** として計上

お菓子が経費にならない例

個人事業主や役員だけの会社で仕事中に自分が食べるお菓子

NG!

役員や個人事業主は従業員ではないため、福利厚生費が認められない

ふだん自分が家族や友人と食べるお菓子

NG!

プライベートな支出は経費にならない

基本|09

社員の疲れを癒すための
マッサージ代は経費？

A. 経費になるけど……

　マッサージ代を経費として処理することに問題はありません。ただし、社内でマッサージを受ける権利のある人が「従業員の全員」なのか「特定の従業員」なのかによって判断が分かれてきます（右図参照）。

　「従業員の全員」が対象の場合、福利厚生費として経費処理が可能です。しかし、マッサージ代金が過度に高額（社会通念と照らしても著しく高額）な場合は、経費計上を税務調査などで否認されるリスクがあります。

　社長のみや役員のみなど「従業員の一部」が対象の場合、福利厚生費としてではなく、給与として経費処理が可能です。しかし、対象者が全員の場合と異なり、現物給与として源泉所得税の計算が必要となるので、その点を注意してください。

　また、業種は限定されますが、同業他社の市場調査や取材などを目的とする場合には、市場調査費もしくは研究開発費としてマッサージ代を経費処理できるケースもあります。

マッサージ代が経費になる／ならないケース

目的	対象者	経費になるか
慰安	全従業員	福利厚生費として経費になる（非課税）
	一部の従業員	給与として経費になる（所得税あり）
	個人事業主	医療費控除になる
市場調査・取材	―	経費になる

医療費控除って？

病院

1月1日から12月31日までの間に、自己または自己と生計を一にする配偶者やそのほかの親族のために医療費を支払った場合において、その支払った医療費が一定額を超えるときは、その医療費の額を元に計算される金額を所得から控除することができる制度

ワンポイント **医療費控除額の計算方法**

| その年に払った医療費の合計額 | ― | 保険金などで補填される金額 | ― | 10万円または所得金額の5％のいずれか小さい金額 |

＝ 医療費控除額（最高200万円）

基本 | 10

社員旅行の費用は
経費になる？

A. 福利厚生なら経費になる

　社員旅行は、一般的に従業員の慰安やレクレーションを目的として行われています。そのため、**これらの費用は福利厚生費として経費計上が可能です。**ただし、これも過度に高額であったり、一般常識から逸脱している範囲の費用であったりする場合は、福利厚生費としてではなく、給与として経費処理することになる可能性があります。"給与として"ということは、源泉所得税が必要になるわけです。

　福利厚生費として認められるのは、以下の2点を満たすときです。

　●旅行の期間が4泊5日以内であること
　●旅行に参加した人数が全体の人数の50％以上であること

　旅行の対象者が主に取引先の人で、接待や供応、慰安などのための旅行のケースでは、交際費として経費処理されるのが一般的です（右図参照）。また、社員旅行に家族を同伴した場合、その一部を「旅費補助」として経費処理できますが、その際には、法人や個人事業主の名義で手配や支払いを行います。

旅行の対象者別経費処理方法

対象者	扱い
特定の社員	給与または賞与
役員のみ	役員賞与
取引先を社員旅行に招待	交際費
家族も同伴	旅費補助

前提条件

- ☐ 4泊5日以内の旅行である
- ☐ 従業員の過半数が参加している
- ☐ 1人あたりの旅費が10万円程度である

社員旅行に関して保存すべき書類

・日程表
・旅費の請求書、領収書一式
・施設のパンフレット
・現地での集合写真

これらの書類があれば
福利厚生として認められる
可能性は高いです

部の打ち上げは
いくらまで経費になる？

A. 常識の範囲内ならいくらでも

　一般的に、打ち上げに参加していた人との関係性によって、支出が社内飲食費なのか、交際費なのか、福利厚生費なのか、など討論になるケースがあります。1人5000円以内、などもよく耳にしますよね。しかし、**個人事業主は交際費の限度額という考え方がない**ので、交際費であろうが、福利厚生費であろうがどちらで経費処理されても、一般常識の範囲内であれば、全額が経費となります。**法人の場合、交際費の限度額は800万円がキーポイント**です。「限度額を気にしないと！」と皆さんいうのですが、よく考えてみてください。年間800万円です。月にすると約65万円、日にすると約2万円です。1日2万円も使えるような立派な会社になった時点で、限度額を気にすればよいのではないでしょうか。それまでは経費のことよりも売上と資金繰りをしっかり考えることが大切だと考えています。

　なお、1人での食事代は法人でも個人事業主でも経費と認められないケースが多いです。そのため、1人打ち上げをしても経費にならないと考えてください（右図参照）。

交際費の限度額

1カ月で約65万円

法人

年間
800万円

一般の常識の範囲内

個人事業主

無制限

支出の内容別経費判断

種類	内容	経費になる？	勘定科目
部の打ち上げ	慰安	○	福利厚生費
会議	弁当・お茶	○	会議費
取引先の接待	交際目的	○	交際費
自分の飲食	1人で食事	×	―

ワンポイント 　**「誰が」参加していたかがカギ**

役員だけで行ったのか、社員と役員が参加したのか、社外の人も参加していたのかなど、参加していた人との関係性によって勘定科目の名目が変わります。ただし、1日2万円を超えない程度の支出であれば、あまり考え過ぎなくてもよいでしょう。

スポーツクラブの会費は経費になる?

A. 法人の場合はケースによる

　私もスポーツクラブには通っています。見た目も多少は影響する仕事ですし、仕事を続けるためにも健康は大切。そう思うと、スポーツクラブの会費は経費になると考えられそうですよね。しかし、そうはなりません。なぜなら、個人事業主として事業を行おうが行わなかろうが、スポーツクラブに通う人は通うからです。**個人事業主が経費処理できて、サラリーマンが経費処理できない費用は、課税の公平という観点から認められません。**そのため、個人事業主のスポーツクラブの会費は経費にならないのです。一方、従業員がいる法人の場合は、法人名義でスポーツクラブと契約をし、就業規則や福利厚生に関する規程などで利用できる旨の周知を行うことで全従業員が利用できる状態となるため、福利厚生費として経費処理が認められます（右上図参照）。ただし、従業員がいない場合は役員報酬とみなされてしまうおそれがあります。そうなってしまうと、税務上、役員報酬は定期同額でなければ経費として認められないので、スポーツクラブの会費も経費として認められない可能性が高いです（右下図参照）。

ケース別経費処理

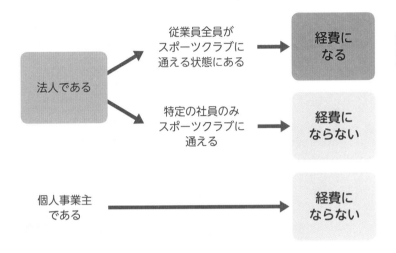

法人である → 従業員全員が
スポーツクラブに
通える状態にある → 経費に
なる

法人である → 特定の社員のみ
スポーツクラブに
通える → 経費に
ならない

個人事業主
である → 経費に
ならない

3章

役員報酬の定期同額給与

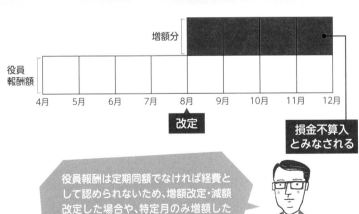

増額分

役員
報酬額

4月　5月　6月　7月　8月　9月　10月　11月　12月

改定

損金不算入
とみなされる

役員報酬は定期同額でなければ経費と
して認められないため、増額改定・減額
改定した場合や、特定月のみ増額した
場合などは損金不算入となります

基本 | 13

福利厚生費について
税務調査でのポイントは?

A. 業務に関係あるか否か

　そもそも**福利厚生費とは、従業員に関する慰安やイベント費用
など、社内の行事に際して支出される費用のこと**です。ただし、
右図の通り、福利厚生費のラインは曖昧になっています（右上図
参照）。ですが、税務調査で注意深く見られるポイントは曖昧で
はありません。ポイントは2つ。**1つ目は、家族や友人など、仕
事に直接関係のない人々との慰安やイベント費用などが含まれて
いないかという点**です。福利厚生費か否か、という以前に、業務
に関係がない支出は費用と認められません。**2つ目は、福利厚生
費という名の「現物給与」となっていないか、という点**です。税
務調査で現物給与と判断された場合は、源泉所得税の徴収漏れと
なり、延滞税に加え、本来納税するべき金額の10％が課税され
てしまいます（右下図参照）。福利厚生費として認めてもらうた
めにも、全従業員が対象であること、金額が常識の範囲内である
こと、といった点に注意し、領収書にはその内容をメモするよう
に意識しておきましょう。

福利厚生費の判定ラインとポイント

福利厚生費の判定ライン

- 創立記念日や国民の祝日などに際し供与される飲食に要する費用である
- 従業員など（過去に従業員であった者を含む）、またはその親族のお祝いやご不幸などに際して、一定の基準に従って支払われる費用である

これら費用は、あくまでも**常識の範囲内での金額**に限り認められます。また、**その制度を全社員が利用できるもの**である必要があります

現物給与と認定されると追加で発生する税金

税金の種類	納税額
不納付加算税	原則10％（自主的に納めれば5％） 例：半年分の源泉徴収が50万円の場合、納税額は約50万円。この50万円の納付が遅れてしまうと、自主的に納付した場合、2.5万円の納付する
延滞税	次の式により計算した金額の合計額（①＋②） ①：納付期限より2カ月まで：「納付すべき税額」×「年度ごとに変更する一定の割合（平成29年は2.7％）」÷365日 ②：2カ月から完納まで：「納付すべき税額」×「年度ごとに変更する一定の割合（平成29年は9.0％）」÷365日

基本 | 14

別荘の管理コストは
経費になる？

A. ケースによっては経費になる

　まず、別荘に関する諸費用として考えられるものに、減価償却費や水道光熱費、固定資産税などがあります。これらの費用が経費と認められるか否かですが、代表者や、一部の役員のみといった特定の人間が利用しているような事実がある場合は、経費としての認定は難しいでしょう。このようなケースでは、個人事業主の場合、その全額は経費として認められない可能性が著しく高いです。法人の場合は、役員報酬や給与として、源泉所得税の徴収漏れを指摘されるリスクがあります。

　一方、従業員の全員が利用可能で、利用規程と利用申込書をつくり利用実績も残している場合、すなわち**利用実態の把握を正確に行っている状態の場合は、経費として認められる可能性があります**。別荘だから経費にならないわけではありません。一部の人しか利用できないようなケース、もしくは事業にとっての必要性の有無およびその必要性を実際に満たしていると立証ができることがポイントであり、その点をしっかり説明できるのであれば、経費として計上しても問題にはならないでしょう（右図参照）。

経費になる別荘利用の条件

全従業員が利用可能

OK! OK! OK!

利用規定が作成されている

会社の保有する施設として
利用規定の作成は必須

利用申込書が作成されている

申込書

従業員　　　　　　　代表者

利用実績がある

今年はAさんが
3回利用した

だれが何回利用したかという
実績がわかるようにする

会社の別荘は
社員みんなのもの

別荘利用の条件の
どれか1つでも欠けると
経費として認められない
可能性があります

税務署

基本 | 15

事業用とプライベート用で買った車は経費になる?

A. 事業用の使用分は経費になる

　法人でも個人事業主でもプライベート利用に関する箇所は、経費となりません。一方、事業用の利用に関しては当然、経費になりますが、法人と個人事業主とでは処理方法が異なります。まず法人の場合、法人の名義で契約をしましょう。その上で「会社の車をプライベート利用で貸与した」ことになるため、**毎月の給与計算の際に、社用車のプライベート利用相当額を給与から控除します**（右上図参照）。利用相当額は、プライベート利用日数をカウントするなど利用実態を把握して1日あたりの単価を設定し、それを掛け合わせて、算定しましょう。

　一方、個人事業主の場合で従業員がプライベートで利用する際は法人の管理方法と同じですが、従業員がいない場合では「家事按分」という方法をとります（右下図参照）。**家事按分とは、自宅兼事務所の家賃など、プライベート用と事業用の双方が混ざった支出である場合、事業で使用する比率分のみを経費に計上すること**です。月曜日から金曜日までを仕事、土日をプライベート利用と考え、購入費の7分の5を経費に計上するとよいです。

法人が従業員に車を貸す場合

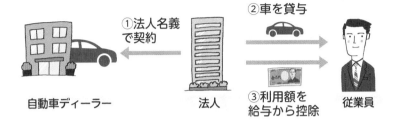

自動車ディーラー ← ①法人名義で契約 — 法人
法人 → ②車を貸与 → 従業員
法人 → ③利用額を給与から控除 → 従業員

家事按分時の減価償却方法

☑ 200万円の車を購入した場合

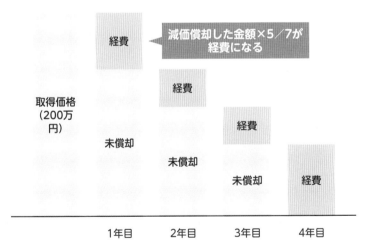

取得価格（200万円）

減価償却した金額×5／7が経費になる

1年目	2年目	3年目	4年目
経費／未償却	経費／未償却	経費／未償却	経費

※1週間のうち5日間仕事利用した場合

基本 | 16

仕事用のパソコンは一括で経費になる？

A. 一括で経費になることもある

　仕事で利用しているパソコンは、当然経費になります。経費になるならないの判断は、事業との関連性です。事業で使用するものは、パソコンであれ、多少高額な椅子であれ、会議用のテーブルでも、入り口のお花代であっても、経費になります。仕事用のパソコンの購入代金が経費にならない、もしくは税務調査で否認されると想定されるケースは、パソコン自体が作業スペースで保管されておらず自宅にあったり、パソコンの閲覧履歴を見ると事業と関連性の乏しいプライベートの検索が多かったりと、事業との関連性が乏しい支出のときです。

　また、**パソコン自体は経費になりますが、金額によって経費計上する時期に違いがあります**（右図参照）。青色申告の場合、10万円超30万円以下のパソコンなら、その年で全額を経費処理できます。白色申告の場合もしくは30万円を超えるパソコンを購入した場合は、減価償却により毎年一定金額が費用として処理されます。また、新品で購入なのか、中古での購入なのかによって減価償却を行う年数に違いがあるので注意してください。

経費処理のタイミング

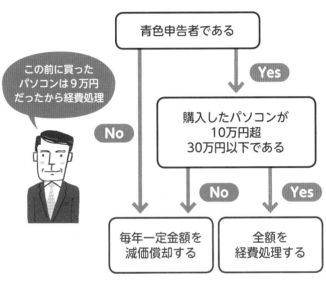

青色申告者である

この前に買った
パソコンは9万円
だったから経費処理

No

Yes

購入したパソコンが
10万円超
30万円以下である

No **Yes**

毎年一定金額を
減価償却する

全額を
経費処理する

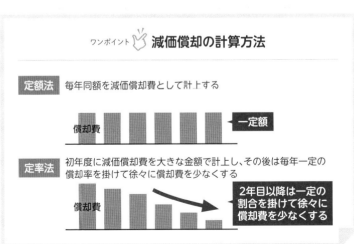

ワンポイント **減価償却の計算方法**

定額法 毎年同額を減価償却費として計上する

償却費 ————**一定額**

定率法 初年度に減価償却費を大きな金額で計上し、その後は毎年一定の
償却率を掛けて徐々に償却費を少なくする

償却費 **2年目以降は一定の
割合を掛けて徐々に
償却費を少なくする**

基本 | 17

家の一部を事業用に使うと減価償却費は経費になる？

A. 事業用の使用分は経費になる

　このケースは、持ち家が一戸建てであってもマンションであっても変わりません。そして経費として処理できる範囲は、減価償却費に限りません。**管理費や火災保険料、地震保険料、水道光熱費、固定資産税などの事業用に関する部分は経費として計上できます。**ただし、マンションの修繕積立金は将来に向けた積立のための支出なので、経費として処理できません。

　経費へ按分する方法は、一般的に面積按分が多いです（右図参照）。延べ床面積の全体に対し事業用利用分の面積を算定し、その比率に基づき按分することになります。廊下やトイレなどの共用部分は事業利用分の面積とプライベートでの利用面積の比率に応じて按分します。按分ルールは税務調査などで必ず聞かれるので、間取り図などで事業用利用分を明確に説明できるようにしましょう。

　なお、賃貸の場合は大家に支払う家賃の一部を経費として処理することに問題はありません。

面積按分の方法

☑ 家賃16万円／月、面積56.63㎡のマンションの場合

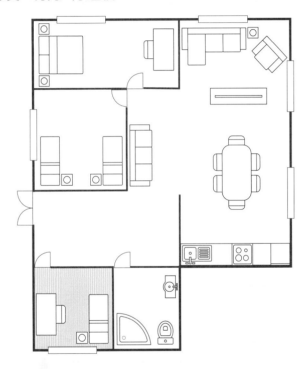

11㎡を週に4日、仕事部屋として利用

家　　　賃：16万円×11㎡／56.63㎡
　　　　　➡約3万1078円を経費計上
水道光熱費：1万円×4／7日
　　　　　➡約5714円を経費計上

基本 | 18

修繕した場合は
全額が経費になる？

A. 経費にはなるが……

　修繕のイメージとしては持ち家や持ちマンションの一部を改装したケースでしょうか。僕も自宅マンションの一室を仕事スペースとして利用する際に修繕をしました。

　税務上、修繕には「資本的支出」と「収益的支出」の2種類があります。資本的支出とは、そのものの価値を増加させる支出のことで、収益的支出とは、減少した価値を当初のそれと同程度に回復するための支出のことです。そして、**資本的支出は固定資産の取得として処理され減価償却という方法で経費計上され、収益的支出は修繕費としてその年に全額が経費計上されます。**

　実務上、資本的支出か収益的支出かの判断は非常に困難ですが、一般的に右図のように判断されることが多いです。ポイントは、かかった費用が20万円未満であるか否か。20万円未満の修繕は、修繕費として処理されることが多いため、何かの修理をする際は、20万円を下回るように小出しで経費にしていくとよいかもしれません。

資本的支出の判断フローチャート

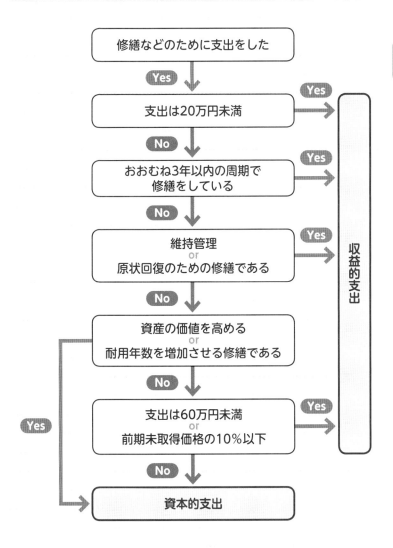

修繕などのために支出をした

Yes ↓

支出は20万円未満 → **Yes**

No ↓

おおむね3年以内の周期で修繕をしている → **Yes**

No ↓

維持管理 or 原状回復のための修繕である → **Yes**

No ↓

資産の価値を高める or 耐用年数を増加させる修繕である

No ↓

支出は60万円未満 or 前期未取得価格の10%以下 → **Yes**

No ↓

Yes

資本的支出

収益的支出

個人事業主の払う
所得税って何？

所 得税、とひとことでいいますが、所得税は所得（≒利益）に対して課せられる税金のことで、全部で10種類からなります。一般的によく使われるのが、事業所得や給与所得、雑所得といったところでしょうか。マンションの売買をした場合などは譲渡所得が出ている可能性があるので確定申告が必要になり、副業をしている人は雑所得としての確定申告が必要になります。

　大切なことは、利益が出た年は「確定申告が必要かも？」と疑ってみること。一般的な税務に関する相談は、近くの税務署に電話をしてみると無料で相談に乗ってもらえるので、不安に思った際には一度電話で問い合わせてみるとよいでしょう。また、確定申告が必要な人は、1月1日から12月31日までの所得税の金額を集計し、翌年の3月15日までに確定申告が必要になります。一部の所得の場合、スマートフォンでの確定申告も可能ですし、パソコンからe-tax（https://www.e-tax.nta.go.jp/）のサイト上から確定申告も可能です。

■所得の種類

- ・利子所得　　　・給与所得　　　・一時所得
- ・配当所得　　　・退職所得　　　・雑所得
- ・不動産所得　　・山林所得
- ・事業所得　　　・譲渡所得

4章

基本 業務にまつわる経費〜Part2

「5000円を超えたら交際費？」「会議費は5000円未満？」と勘定科目を考える際に生じる悩みを解決しましょう。

基本｜01

接待交際費における税務調査でのポイントは？

A. 記録と用途が明らかかを見られる

　税務調査といえば経営者にとって避けては通れない道ですよね。そのなかでもよく話題にのぼるのが「交際費」です。交際費とは事業のために使った費用という一応の決まりはあるものの、その線引きがなかなか見えづらく、経費処理してよいのか判断に困るような出費を目にすることが多々あるため、不安視する経営者が多いのではないでしょうか。

　一般的な観点からすると、少々値が張るものを贈答用として得意先に送ったとしても、その**費用が事業に必要であったことの説明がしっかりとできれば、税務調査で咎められることはありません**。調査官としては、交際費とかこつけて自分や奥さまやパートナーへのプレゼント代を経費として処理してきていないか、また、通常の贈答において10万円を超える品を送ることはあまり考えられないので、何か裏があるのではないかと勘ぐっているわけです。よって、調査官を納得させる材料として、領収書といった記録や用途を明らかにしておけば、おそれることはありません（右図参照）。

税務調査で確認されるポイント

☑ 支出の妥当性

プライベートな支出の疑いはないか……？

税務署

用途をしっかり記録しておけば、疑われる心配はない

☑ 金額の妥当性

金額と贈答回数は妥当か……？

税務署

贈答品の金額が10万円を超えている、年に10回以上だと疑われやすい

▶ 領収書と用途のメモを残しておけば疑われる心配はない

基本│02

そもそも交際費とは？
会議費って何？

A. 1人5000円以下の飲食費は会議費

　交際費と会議費の違いは多くの人が気にする点です。

　基本的に、交際費は主に得意先を接待するためにかかった費用を、会議費は社内での会議や取引先との打ち合わせにかかった費用を指します。**1人5000円を超える飲食費は交際費、1人5000円以下の飲食費であれば会議費**と認識しておけばよいかもしれません（右図参照）。

　ちなみに、法人の場合、交際費として計上できる金額に制限があります。資本金1億円以下の法人は、年間800万円まで、もしくは接待飲食費の50％のうちいずれか多い金額を損金扱いにでき、資本金1億円を超える法人は、接待飲食費の50％が損金扱いにできます。

　一方、個人事業主には限度額がありません。しかし、限度額がないからといって、なんでも計上してよいわけではありません。「得意先や近いうちに得意先になる見込みのある人との飲食」、つまり、利益を出すために必要な支出であることが前提です。

交際費と会議費の見分け方

☑ 飲食代の場合

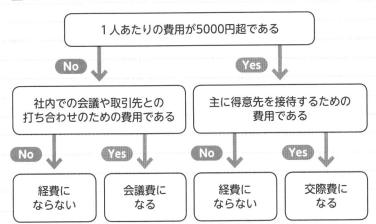

交際費や会議費とするための領収書の記載事項

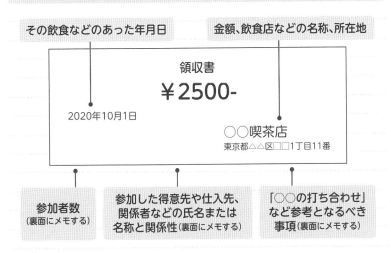

基本│03

高級料亭で会議をしたら経費になる？

A. 妥当性がないと否認されるかも

　88ページで説明したように、個人事業主には年間800万円までという上限金額の設定はありませんが、無制限に費用と認められるわけではありません。ゴルフ好きの事業主が、交際費の名目で同業者や友人とゴルフ場通いをして多額の費用を決算書に載せたところ、税務調査で8割カット、すなわち計上した金額の8割は費用と認められなかった事例もあります。

　事業に関係する人たちへの費用か否か、つまり**「利益を出すために必要な支出であるかどうか」が、交際費として認められるか否かの重要なポイント**となります。営業活動との関連性を説明できることや金額的に妥当であること、その営業活動のために必要な費用であること、という裏付けが明確にできることが重要なのです。また、売上に対する交際費の割合もポイントになってきます。たとえば売上高が500万円であるのに対し交際費が300万円となっていると、その割合に違和感を覚えることが多いです。交際費は、あくまでも売上を上げるために必要な費用なので、売上に対して10%前後が妥当なのではないでしょうか（右図参照）。

高額な交際費が経費と認められるケース

① 事業に関係する人たちへの費用である ✕

このあいだ誕生日だったからプレゼントあげるよ

社長 → 従業員

私的な支出は経費にならない

② 営業活動との関連性を説明できる ◯

先日の取引のお礼です

従業員 → 取引先

事業との関連性があるので経費になる

③ 妥当な金額である ✕

いつもお世話になっているので高級フルーツ50万円分を差し上げます

従業員 → 取引先

売上の10%程度なら交際費として経費になる

④ 営業活動のために必要な費用である ◯

趣味がゴルフだからいっしょにやろうよ

従業員 → 取引先

利益を出すために必要な支出なら経費になる

基本 | 04

仕事関係者への香典や祝儀は経費になる？

A. 条件を満たせば経費になる

　経費計上するには領収書が必要ですが、冠婚葬祭に関する支出の場合など「領収書をください」といい出しづらい状況ですよね。そのような状況のときは、金銭を渡したことを記録しましょう。記録時のポイントは「だれの冠婚葬祭なのか」と「いくら渡すのか」の２点です。

　葬儀であれば訃報のお知らせ（葬儀日程のご案内）、祝賀会であれば招待状とともに、「支払った日付、相手名、金額、内容」をしっかり記録しておきましょう。なお、**取引先の冠婚葬祭に参加した場合は「交際費」、役員や従業員の冠婚葬祭に参加した場合は「福利厚生費」として、経費計上できます**（右図参照）。金額に関しては、常識的な範囲とされており、あまりに高額だと経費として認められない可能性があります。

　なお、役員や従業員に対して支払う香典や祝儀に関しては、社内で「慶弔費支給規定」などを作成しておくことが大切です。「社会通念上、一般的な額の範囲内」で支給する旨を定めたルールを作成し、そのルール通りに支給しましょう。

冠婚葬祭にかかる費用の勘定科目

渡した相手		勘定科目
取引先	▶▶▶	交際費
役員や従業員	▶▶▶	福利厚生費

▶ **領収書のかわりに下記を保存する**
・案内状や招待状
・日付／相手名／金額／内容

一般的な香典・祝儀の金額

相手		香典	祝儀
取引先	社長・会長	3～10万円	1～50万円
	担当者	1～5万円	
社内	本人	5～10万円	1～3万円
	家族	1～5万円	

▶ **高額な香典・祝儀は贈与とみなされる可能性がある**

基本 | 05

懇親会としてゴルフを
したら経費になる？

A. 経費計上できるが、無制限ではない

　業種によっては懇親や交際をかねてのゴルフの接待はよくある話かと思います。これはゴルフだから経費になり、ほかのスポーツだったら経費にならない、というわけではありません。仕事の関係上、必要な懇親であれば内容を問わず経費になるので、当然、野球の観戦やサッカーの観戦の費用も経費になります。また、稀かもしれませんが、将棋やe-sportの観戦費用ももちろん経費になります。ただし、これも**事業内容・事業規模から判断して妥当な金額であり、かつ、支出回数が常識的範囲である**ことが重要なポイントです（右上図参照）。

　なお、社内で野球部やフットサル部といった、従業員のサークル（部活）をつくり、活動を認めている会社がありますが、この場合でも要件を満たせば、「福利厚生費」として活動費を経費にできます。

　ただし、外部から人を呼んだり、従業員以外の人といっしょに活動したりする場合は交際費となります（右下図参照）。

懇親会の費用を経費にできる条件

❶事業内容・事業規模から判断して妥当な金額である
❷回数が常識的な範囲である

▶ 両方満たしていれば
経費になる

どちらか欠けたら
経費とは
認められません

税務署

章

社内部活を経費にできる条件

サークルへの参加が自由で誰でも参加できる
参加資格や特定の人物しか参加できない場合は認められない

会社の補助金が本来の目的に使用され明確である
補助金の用途が不明瞭な場合は認められない

打ち上げや祝賀会などの飲食代が会議費程度である
1人あたり5000円を超える費用は認められない

▶ すべて満たせば福利厚生費として
経費になる

※外部の人も参加している場合、その分は交際費になる

基本 | 06

お中元やプレゼント代は経費になる?

A. 経費になるが無制限ではない

　日本にはお中元・お歳暮の習慣がありますし、開店祝いに花を贈ることもあるでしょう。繰り返しにはなりますが、事業に関係する人や会社、取引先への費用が経費になるか否かは、「利益を出すために必要な支出であるか」が重要なポイントとなります。たとえば、**お中元の送付先のリストを作成し、そのリストに記載されている相手先が支払先や売上先と一致していれば、経費として認められる**でしょう。

　お中元やお歳暮は、日本の一般的文化に基づく慣習なので、そこまで怪しまれませんが、たとえば海外研修で購入したブランド品のプレゼントとなると、税務調査などで相当に質問されるでしょう。本当に取引先に渡したのか、なぜ高額な品なのかなど、私的な支出ではないかという点が突っ込まれると思います。

　なお、会社によっては、退職する従業員へ花束を渡したり、誕生日を迎えた従業員にプレゼントを贈ったりすることもあるかと思いますが、これは全員が対象であれば「福利厚生費」として計上できます（右図参照）。

贈答品にかかる費用の勘定科目

贈答品の内容		勘定科目
取引先への お中元・お歳暮 ▶▶▶		交際費
従業員への誕生日 プレゼント ▶▶▶		福利厚生費

▶ 慣習を逸脱した高額商品は、
経費として認められないこともある

贈答品を経費にする方法

前提　税務調査では送付先と取引先が
一致するか確認される

やること　送付先のリストを領収書ととも
に保管する

▶ リストと領収書が一致すれば経費になる

基本 | 07

業務用と自家用車の併用での**ガソリン代**は？

A. 業務で使った分のみ経費になる

　1台の車を業務時にもプライベート時にも使っている場合に、ガソリン代をどうやって分けるのかというと、支払った金額を按分します。たとえば、週7日のうち5日は仕事、2日はプライベートで車を使っているとしましょう。この場合は、支払ったガソリン代の7分の5経費として計上するのです。

　経費精算する際に毎回按分計算するのは面倒なので、**決算時に決算仕訳として支払ったガソリン代の総額を按分すればよいです**（右上図参照）。

　個人事業主の場合は家事按分をしましょう（76ページ参照）。当然ですが、プライベートでの使用分も経費計上してしまうと税務調査の際に否認されるので、注意してください。また、自動車にかかる経費は、ガソリン代金のほかに自動車本体の減価償却費や自動車税、車検代金、保険料などがあります。これらも家事按分によって経費とする金額を算定することができるので、節税につながります。なお、**減価償却費の計算方法は、法人と個人事業主で異なります**（右下図参照）。

ガソリン代の経費算入額の計算方法

☑ ガソリン代が年間42万円の場合

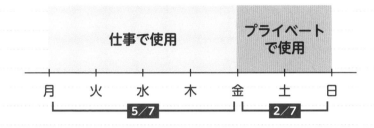

仕事で使用	プライベートで使用
月　火　水　木　金	土　日
5/7	2/7

▶ 経費になる金額は……
42万円×5／7＝30万円

減価償却費の計算方法

☑ 個人事業主の場合

定額法

例)耐用年数5年、100万円の機材を購入した場合

100万円÷5年

➡ 20万円／年を減価償却費として計上する

☑ 法人の場合

定率法

例)耐用年数5年、100万円の機材を購入した場合(償却率0.5)

1年目:100万円×0.5＝50万円
2年目:(100−50万円)×0.5＝25万円

➡ 減価償却費として計上する額は毎年異なる

基本 | 08

作業するために入った カフェの代金は経費?

A. 仕事場所として利用したら経費になる

　最近は、パソコンとネット環境があれば、どこでも仕事ができる時代です。外出先の隙間時間にカフェで仕事ということはよくあるでしょう。このように、**カフェを仕事場所として利用していたのであれば、コーヒー代は経費になります。**

　この場合注意したいのは、いっしょに注文した食事やおやつの扱いです。1人で食事をした際の費用は経費になりませんし、おやつも仕事に関係がないので経費になりません。もし、食事やおやつもいっしょに注文した場合は、レシートからその分を除いてコーヒー代だけを経費として計上するようにしましょう。なお、1人分のコーヒー代のレシートは、プライベート利用を経費にしたのではないかと疑われる場合があります。そのため、レシートの余白や裏に、カフェの利用目的をメモしておくと、万が一、税務調査で突っ込まれた際に、自信をもって経費だといえます（右図参照）。こちらが経費だと主張するものを税務署側が覆すには、税務署側が経費でないことを立証する必要があります。メモまで残しているものを否定するのは、通常不可能なのです。

カフェ利用代金の経費処理方法

☑ 仕事の作業目的で利用した場合

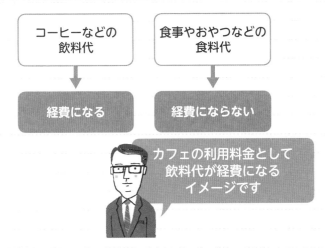

```
コーヒーなどの          食事やおやつなどの
飲料代                 食料代
  ↓                     ↓
経費になる              経費にならない
```

カフェの利用料金として
飲料代が経費になる
イメージです

経費か否か疑われないための行動

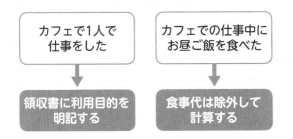

```
カフェで1人で            カフェでの仕事中に
仕事をした              お昼ご飯を食べた
  ↓                     ↓
領収書に利用目的を       食事代は除外して
明記する                計算する
```

▶ 証拠としてメモなどを必ず残すようにする

基本｜09

プライベートでも使う スマホ代は経費になる？

A. 事業用の使用分は経費になる

　基本的な考え方は、1台の車を業務時でもプライベート時でも使用しているときと同じで、事業用で使っている分のみ経費として計上できます。

　一番理想的なのは、仕事用とプライベート用で物理的にスマホを区分することです。私は経費の観点ではなく、仕事とプライベートの境界線をつくるために2台のスマホを持ち、使い分けています。ただ、人によっては2台もスマホを持ち歩くのは邪魔であったり、また2台所有すると本体代金や基本料金が2倍になってしまうことから、1台にまとめたい人もいるでしょう。そのような人は、やはり家事按分をすることになります。通話料と通信料を仕事利用か否かでそれぞれ細かく区分することが理想的ではありますが、この作業をするのは現実的ではありませんよね。ですので、**家事按分を用いて納得感のある比率で区分するのがよい**でしょう（右図参照）。月曜日と水曜日から金曜日までが仕事で火曜日と土日が休日の場合、スマホの利用料の7分の4を経費に、7分の3をプライベート利用にするのがよいと思います。

スマホ料金と経費

☑ 個人のスマホの場合

> プライベート用と兼用しているので全額は経費にならない
> ➡ 家事按分する

☑ 会社支給のスマホの場合

> 仕事専用のスマホのため全額経費になる

スマホ料金を家事按分する方法

☑ 月・水〜金が仕事、火・土・日がプライベート利用で、スマホの利用金額が15万円／年の場合

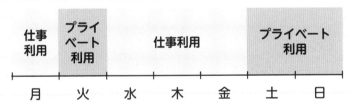

仕事利用	プライベート利用	仕事利用			プライベート利用	
月	火	水	木	金	土	日

➡ 利用料金の4／7を経費計上する

➡ 15万円×4／7＝約8万5700円

▶ 約8万5700円を通信費として経費計上する

基本 | 10

クレジットカードで買って明細がない。経費になる?

A. 経費になるが、領収書は保管しよう

　クレジットカードで支払いをすると、カードの利用明細とレシート（領収書）を店員さんからもらうと思います。また、これとは別に、クレジットカードの利用明細を郵送やインターネット上で入手できるでしょう。原則、領収書以外の書類は経費としての根拠資料にはなりません。**経費の根拠資料として認められるのは、あくまでも、レシートか領収書、そして請求書**になります。そのため、カードの利用時にもらう利用明細や支払い内容の記載されている利用明細では根拠にならないのです。

　ただし、あくまでもこれは原則。レシートや領収書を紛失してしまうことも現実問題としてありえるでしょう。その場合は、**どういう経費だったのかをメモ用紙などに記載し、これを経費の根拠資料とすることも容認されます。**

　メモに記載するべき内容は「支出した日付、金額、その内容、支払った先の名前」です。また、支出した内容によっては、右図にあるような項目の記載があることが経費処理をする上で必要な情報になってくるので、注意してください。

領収書がないときの対処方法

 領収書をなくしてしまった……

 経費の根拠資料を集める

必ず用意するもの	プラスアルファで記載するもの
支出した日付、金額、その内容、支払った先の名前を記したメモ	・交際費なら得意先名やその内容 ・会議費なら参加人数 ・消耗品費なら購入明細、数量 ・修繕費なら見積もり明細 ・海外出張費なら旅程表

メモを保存しておけば経費として認められる

これは
あくまでも例外。
基本は領収書が
必須です

基本 | 11

電車に乗ったが領収書がない。経費になる？

A. 証拠を残すと経費になる

　窓口や券売機で新幹線や特別車などの特急券や乗車券を購入した際は、領収書をもらうことができます。一方、在来線や地下鉄の券売機では、そのつど、券売機で乗車券を購入すれば領収書の発行も可能ですが、それは現実的に考えて非常に煩雑です。そこで、SuicaやPASMOなどの電子マネーを活用しましょう。電子マネーで乗車した場合、乗車履歴を券売機から発行できるので、**利用履歴を発行し、移動先などを手書きでメモ程度に記載しておけば、それを領収書の代替として扱えます**（右図参照）。

　電子マネーは、チャージをしたときには経費になりません。これは、現金を電子マネーに変換しただけ、という処理になるからです。経費となるタイミングは、あくまでも電子マネーを使ったとき。そのため、電子マネーでチャージをしたときの金額を経費処理し、その上で、電子マネーで支払ったタクシー代や電車などの乗車代金も経費にしてしまうと、二重に経費処理したことになり、脱税となるので、十分に注意してください。私のクライアントに無意識のうちに脱税をしてしまった人がいたので……。

電子マネーの支払いを経費にするポイント

```
電子マネーに          電子マネーを         利用履歴を
チャージする    →     利用して      →     発行して
                    電車に乗る          経費処理する
```

注意

この段階で経費して利用後にも
経費処理をすると**脱税**となる

メモで経費処理する場合の記載内容

支払用途	記載内容
交際費	得意先や支出内容
会議費	参加人数や開催場所
消耗品	購入したものの名称や数量
修繕費	見積もり明細や受領書
交通費	電子マネーの利用履歴書
海外出張	航空チケットや旅程表

支払用途と詳細をメモし
ておく癖をつけて、あと
で困らないようにしよう

基本｜12

クリエイティビティを
高める費用は経費になる？

A. 制作に必要な資料費などは経費になる

クリエイティビティ（創造力）を高めるためのモノが必要な業種として思い描くのは、どのような仕事でしょうか。会計事務所経営の僕が美術館の観覧料を費用と認めてもらうのはなかなか難しいでしょう。なぜなら、あまりクリエイティビティのある仕事ではないからです。

ただ、私のクライアントには映画の制作をしている人やイラストレーターがいるのですが、彼らは映画館のチケット代や美術館の入場料を経費に入れていました。**仕事のイマジネーションを高める作業として必要なものは経費になる**からです（右図参照）。ただし、あくまでも常識の範囲内の金額になるということと、同伴した人などの分は経費にならないことが一般的です。

クリエイティビティではないですが、たとえば応接室や会議室に飾るためのオブジェや絵画は、一定の範囲内の金額であれば経費になるでしょう。会計事務所でも会議室に飾った絵画は、おそらく経費になるはずです（笑）。

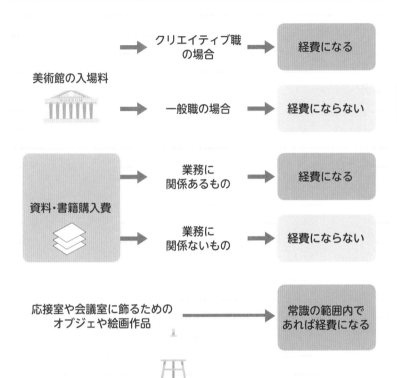

これは経費になる？ ならない？

美術館の入場料
- → クリエイティブ職の場合 → 経費になる
- → 一般職の場合 → 経費にならない

資料・書籍購入費
- → 業務に関係あるもの → 経費になる
- → 業務に関係ないもの → 経費にならない

応接室や会議室に飾るための
オブジェや絵画作品 → 常識の範囲内であれば経費になる

4
章

▶ 業務に関係あるものは経費になる

・事業関連性があるもの
・常識の範囲内の金額
なら経費になります

基本 | 13

社員が買ったスーツは経費になる？

A. 場合によっては経費になる

　これは場合分けが難しい事案ですね。会社が全従業員を対象にスーツを購入した、もしくは経費精算した場合、これは福利厚生費として経費になる可能性が高いです。

　一方、一部の従業員だけに購入もしくは経費精算を許可した場合、現物給与として考えられ、給与として費用処理しなければならない可能性が高くなります。現物給与と判断されたら、源泉所得税の徴収が必要です。

　会社が買ったのではなく**従業員が個人的にスーツを買ったのであれば、経費にならないことが多い**でしょう。ただし、「特定支出控除」と呼ばれる会社員が必要経費を確定申告で経費として処理できる制度があるので、それを活用したら、通勤費や転居費、研修費、衣服費などが収入から一定額は控除可能となります（右図参照）。

　また、個人事業主は、購入したスーツやカバンを仕事のためにしか使わなかったとしても、経費になりません。法人の社長も同様に、経費にならないケースが多いでしょう。

特別支出控除のしくみ

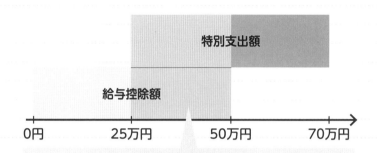

特別支出額

給与控除額

0円　　　　25万円　　　　50万円　　　　70万円

特別支出額のうち
給与控除額の1／2が
特別支出控除として差し引かれる

年収500万円／給与控除額154万円／特別支出80万円の場合

例 **80万円−（154万円÷2）＝3万円**
➡3万円が特別支出控除となる

特別支出控除の対象となる費用

| 通勤費 | 転居費 | 研修費 |

| 衣服費 | 資格取得費 | 帰宅旅費 | 勤務必要経費 |

個人事業主と会社の社長
税率はどっちがお得？

個人事業主で所得（≒利益）が500万円を超えると「法人成り」をしたほうが節税になる、といわれることが多いですが、個人的には、税率差だけで法人成りをするのはお勧めしていません。法人成りとは、個人事業主の人が株式会社や合同会社などを設立し、事業を個人から法人へ変更することです。法人の場合、税率はざっくりと分けて2段階で、利益～800万円までが約23%、800万円以上が36%となっています。一方、個人事業主の所得税と住民税を合わせた税率は所得に応じて15～56%となっており、利益が500万円を超えると法人の税率のほうが低くなるので、法人成りが勧められているのです。

　しかし、確定申告や健康保険などの手続きが一貫していてシンプルな個人事業主に比べ、法人は手続きがその2～3倍煩雑になります。そのため、事務手続きがそこまで苦ではない人だったら節税の観点で法人成りを勧めますが、苦手な人は個人事業主でいたほうが本業に集中でき、よいのではないでしょうか。

■個人の所得税率

課税される所得金額	税率
195万円以下	5%
195万円超～330万円以下	10%
330万円超～695万円以下	20%
695万円超～900万円以下	23%
900万円超～1800万円以下	33%
1800万円を超～4000万円以下	40%
4000万円超	45%

5章

応用 節税効果も期待できる経費

経費はモノを買ったときだけに生じる費用だけではありません。うまく費用を使い資金をやりくりすれば、節税効果も狙えます。

応用 | 01

節税できる機会は モノを買ったときだけ？

A. 所得控除や税額控除で節税になる

　レシートを一生懸命かき集めて、利益（≒所得）を減らそうとしているという会話を喫茶店などで耳にすることがあります。何度かお伝えしましたが、事業に関連のない支出のレシートや領収書などは経費になりません。ましてや他人からもらったレシートや領収書は経費になりません。お忘れないように！　そして、そんなことをしなくても節税になる方法があります。

　それは所得控除と税額控除という2つの方法です。ものすごくかんたんにいうと、10種類ある所得を合算し、その合算した所得から控除するのが所得控除、所得控除を行ったあとに残る所得金額に税率を掛け、算定された所得税額からさらに税金を控除できるものが税額控除となります（右図参照）。

　所得控除には、「扶養者控除」や「配偶者控除」といった人的控除や、「医療費控除」や「雑損控除」といった物的控除があります。税額控除には「配当控除」や「住宅借入金控除」「住宅耐震改修控除」などがあります。

所得控除と税額控除

☑ 所得控除とは

所得	
課税される所得 （所得税がかかる金額）	所得控除額

> 税額を計算する前の所得から
> 所得控除が差し引かれる

☑ 税額控除とは

所得税	
納付額	税額控除額

> 所得控除を差し引いたあとの金額に
> 税率を掛けて計算した税額から税額
> 控除が差し引かれる

> 所得控除額は所得計算時
> に、税額控除額は税額計
> 算時に控除されると覚え
> ておきましょう

応用 | 02

小規模企業共済の掛け金は経費になる？

A. 経費にはならないが節税効果はある

　小規模企業共済制度とは、小規模企業の経営者や役員、個人事業主などのための、積み立てによる退職金制度のことです。**節税的にも経営の安定化のためにもとてもよい制度**で、3つのお得なポイントがあります（右図参照）。

　1つ目は、加入後も掛金の増減が可能で、掛金の全額が所得控除となる点です。掛け金は月々1000円～7万円まで500円単位で自由に設定できます。2つ目は、共済金は一括もしくは分割で受け取れる点です。共済金は、退職や廃業時に受取可能で、満期などでの解約ではありません。共済金の受取方法は、「一括」「分割」「一括と分割の併用」の3つから選択できます。一括受取りの場合は退職所得扱いに、分割受取の場合は雑所得の扱いになり、課税の繰り延べとなることが多い生命保険などと比較しても、受取時にもメリットのある制度になっています。3つ目は、節税ではないですが「低金利の貸付制度」として利用できる点です。もしもに備えて蓄える定期預金としての側面もありながら、小規模企業共済に積み立てる金額自体が所得控除となります。

小規模企業共済の3つのポイント

Point 1

**掛金は月々1000円～7万円まで
自由に増減できる**

500円単位で
自由に
設定可能

全額が
所得控除として
控除可能

Point 2

共済金の受け取り方法を選択できる

一括 ➡ 退職所得

分割

一括と分割の併用 ➡ 雑所得

課税の
繰り延べ
になる

Point 3

「低金利の貸付制度」として利用できる

利回り
1.0~1.5%

積立金自体が
所得控除に
なるためお得

応用｜03

倒産防止共済の掛け金は
いつ経費になる？

A. 支払ったときに経費になる

　通称・経営セーフティ共済と呼ばれている倒産防止共済は、小規模企業共済と同じようなメリットがあるのですが、共済制度の趣旨が異なります。

　倒産防止共済は、取引企業の倒産による連鎖倒産を防止する趣旨で設立された制度です。連鎖倒産を防止するために事前に積み立てておきましょう、積み立てた金額は経費として処理してよいですよ、というルールになっています。**掛け金を支払ったときは経費となる分、解約などによって返金となった場合には、事業上の収入として処理する**ことになります。

　倒産防止共済の返金は、生命保険などと同じ「課税の繰り延べ」となり、この場合、基本的には課税される時点を将来に繰り延べしているだけなので、心の底から「節税になる！」とはいいにくいです（右上図参照）。

　また、倒産防止共済には加入資格があり、過去に所得税などの納税漏れがある人は加入できないので、その点は注意してください（右下図参照）。

課税の繰り延べとは

☑ 所得税率を30%と仮定した場合

| 掛金 200万円 | 掛金 200万円 | 掛金 200万円 | 掛金 200万円 | 解約 / 払戻金 800万円 |
| 利益 | 利益 | 利益 | 利益 | 利益 |

(200万×30%)
→ **60万円の節税** + **60万円の節税** + **60万円の節税** + **60万円の節税** + (800万×30%)→ **240万円の納税** = 0

倒産防止共済の加入資格

業種	資本金の額または出資の総額	常時使用する従業員数
製造業、建設業、運輸業 その他業種	3億円以下	300人以下
卸売業	1億円以下	100人以下
サービス業	5000万円以下	100人以下
小売業	5000万円以下	50人以下
ゴム製品製造業	3億円以下	900人以下
ソフトウェア業または 情報処理サービス業	3億円以下	300人以下
旅館業	5000万円以下	200人以下

応用｜04

労災保険料は
すべて経費になる？

A. 事業主の負担分は経費になる

　個人事業主が従業員を雇用した場合、基本的に、労災保険、雇用保険、健康保険、厚生年金への加入手続きを行わなければなりません。従業員を雇い、保険への加入が完了したときから、事業主負担分は、法定福利費として経費処理が可能となります。個人事業主や法人の経営者と話すと、従業員への手当を極力支払いたくないと考える人が多い印象です。確かに、健康保険と厚生年金を合わせた「社会保険料」の金額は事業主に重くのしかかりますよね（社会保険料は給料の約13％）。しかし、**労災保険と雇用保険の会社負担金額は1人あたり数千円程度**なので、保障を考えると加入することが従業員のためでしょう（右図参照）。

　事業主が無理に支出を増やして経費計上し節税を狙うくらいなら、従業員への感謝の気持ちの示し方として、しっかりと社会保険へ加入し、働きやすい職場環境をつくることがよいお金の使い方だと思います。事業主は、従業員の社会保険の支払いも含めた収入の見通しを立てることが使命だと考え、事業運営にあたってほしいものです。

社会保険の種類と加入義務

社会保険の種類	内容	加入義務	負担割合（事業主：本人）
労災保険	業務中のケガなどを保障する	従業員1名でも雇ったら必ず	100：0
雇用保険	失業した場合の保障	31日以上雇用する見込みがあり、週20時間以上勤務する従業員を雇用したとき	60：40
健康保険	医療給付や手当金を支給し生活を安定させるための保障	個人事業主は常時雇用する従業員が5人以上で加入必須（法人は設立後、原則、即加入必須）	50：50
厚生年金	将来受給できる年金となるもの		

無理やり経費計上して
節税を狙うより
職場環境を整えることに
お金を使いましょう

ワンポイント 👆 労災保険に未加入だったら……

労災保険は、本来、従業員を雇ってから10日以内に加入手続きを済ませなければなりません。会社が加入手続きをしていない状態で従業員が傷病を負った場合、故意または過失による未加入とみなされ、保険料や給付金の追加徴収を受ける可能性があります。

応用 | 05

国民年金の未納分を支払うとメリットはある？

A. 税務的にも節税になってメリットがある

　114ページで紹介した「所得控除」。そのうちの1つに「社会保険料控除」があります。**社会保険料控除とは、本人または配偶者、もしくはそのほかの親族が負担すべき国民年金や国民健康保険、健康保険、厚生年金などを納めたときに受けられる所得控除**のことで、未納分の社会保険料を納めることでも控除を受けられます。たとえば、課税所得が500万円の人の場合、過去未納の国民年金50万円を支払うと、所得税と住民税を合わせて15万円程度が控除され、節税になります。

　なお、国民年金を支払って社会保険料控除を受ける場合、確定申告時に国民年金保険料控除証明書を添付します。この控除証明書は国民年金機構から送付されてくるため、自分で用意する必要はありません。控除証明書が送られてくるタイミングは、国民年金保険料を納付した時期によって異なります。確定申告をする前年の10月1日から前年12月31日までに初めて納付した場合は2月ごろ、前年の1月1日から前年の9月30日までに納付した場合は前年の11月ごろに送付されてきます。

社会保険料控除の手続きの流れ

確定申告の際に、国民年金機構から送られてくる控除証明書を添付する

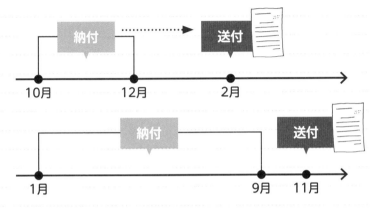

	雑損控除	⑩	□□□□□□□
	医療費控除	⑪	□□□□□□□
	社会保険料控除	⑫	□□□□□□□
所得から差し引かれる金額	小規模企業共済等掛金控除	⑬	□□□□□□□
	生命保険料控除		
	地震保険料控除		
	寄付金控除	⑯	□□□□□□□
	寡婦、寡夫控除	⑱	□□□□□□□
	勤労学生、障害者控除	⑲〜⑳	□□□□□□□
	配偶者(特別)控除 ［区分］□	㉑	□□□□□□□
	扶養控除	㉒	□□□□□□□
	基礎控除	㉓	□□□□□□□
	合計	㉔	□□□□□□□

確定申告の際には、赤枠の中に社会保険料控除を記載する

123

30万円未満の固定資産は一括経費処理が可能?

A. 青色申告なら可能

　個人事業主で青色申告の人は、1個(または1組)あたり30万円未満の少額減価償却資産は、購入および使用を開始した年度に一括して経費計上できます。これを「少額減価償却資産の特例」といいます。**白色申告者が一括で経費計上できるのは、10万円未満の減価償却資産のみ**です。白色申告者の場合、10万円以上の減価償却資産は、原則、固定資産として計上し、その後何年かけて減価償却費として経費計上します(右上図参照)。

　少額減価償却資産の特例は、必ず適用しなければいけないルールではありません。一括で経費計上してしまうのか、法定の耐用年数で減価償却していくのかは、自分の判断で決めることができます。ただし、多くの場合、一括で費用処理をしたほうがその年の所得税は低くなる傾向にあるでしょう。少額減価償却資産の特例は、年間300万円まで適用されます。たとえば、28万円のノートパソコンを年間12個購入した場合、10個分は特例を適用してその年分の経費として計上し、残りの2個は固定資産として減価償却による費用処理をしていくことになります(右下図参照)。

一括償却資産の特例

	取得価格	償却方法
中小企業のみ	30万円未満	即時償却
すべての企業	20万円未満	3年間で均等償却
	10万円未満	即時償却

少額減価償却資産の特例の活用例

☑ 28万円のノートパソコンを年間12個購入した場合

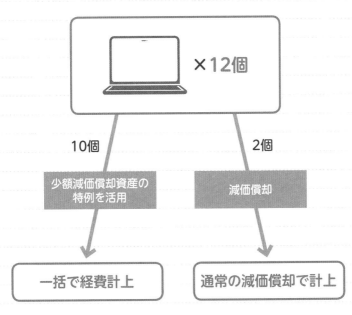

応用 | 07

保険などの支出の経理処理はどうなる？

A. 経費にはならず所得控除になる

　保険に加入することで受けられるメリットが、「生命保険料控除」です。生命保険料控除とは、1月1日から12月31日までに支払った一般生命保険料や介護医療保険料、個人年金保険料の金額に応じて、所得金額から一定額が控除される制度のことです。

　生命保険料控除は3つの保険の種類から構成されており、それぞれを年間8万円以上支払っている場合（合計24万円以上を支払っている場合）、所得金額からそれぞれ4万円、合計12万円を控除できます（右図参照）。たとえば、所得金額が500万円の人が、保険料を年間24万円支払っているならば、所得税と住民税を合わせて約7万円が控除されます。24万円払うことで、保険の保障と7万円の節税効果を得るイメージです。保険料は10万円払っても8万円払っても所得控除を受けられる限度額は4万円なので、節税の観点だけを見るとギリギリのラインを狙うのがよいでしょう。生命保険料控除を受ける場合、生命保険会社から毎年11月前後に届く「生命保険料控除証明書」を確定申告時に添付する必要があります。

生命保険料控除の種類

保険の種類	内容
一般生命保険料	生存または死亡によって保険金が支払われる保険
介護医療保険料	疾病または身体の障害などによって保険金や給付金が支払われる保険
個人年金保険料	年金の受取人が本人または配偶者であって、10年以上にわたり定期的に保険金を支払っているもの。かつ「個人金保険料税制適格特約」を付加しているもの

控除額の計算方法

☑ 所得税控除

年間の払込保険料	控除額
2万円以下	払込保険料などの金額
2万円超4万円以下	払込保険料など×1／2＋1万円
4万円超8万円以下	払込保険料など×1／4＋2万円
8万円超	一律4万円

一般・年金・介護医療あわせて12万円が限度

☑ 住民税控除

年間の払込保険料など	控除額
1万2000円以下	払込保険料などの金額
1万2000万円超 3万2000円以下	払込保険料など×1／2＋6000円
3万2000円超 5万6000円以下	払込保険料など×1／4＋1万4000円
5万6000円超	一律2万8000円

応用 | 08

いちばんお得な節税の 方法は何?

A. 従業員の給与アップや賞与

　ここまで、どの領収書が経費になるのかならないのか、また、税法のルールによる節税策を紹介しました。

　僕が思う**いちばんの節税方法は、従業員への投資**です。節税のための支出は、経費になる範囲であればなんでもよいですが、社長や代表者だけが豊かになる支出では潤う範囲が限定的です。しかし、いっしょに働く従業員の給与や賞与をアップすることは、従業員のモチベーションにつながるとともに、従業員やその家族の生活が豊かになります。そして給与や賞与からまた支出が生まれ、その支出が経済の循環を活発にしていき、景気がよくなることへつながります。景気がよくなると、売上が増加する可能性が高まり、売上が増加するとまた支出を増やせます（右図参照）。目先の節税も気になる点ではありますが、所得（≒利益）を出さないと次の投資ができません。節税は、ルールを活用して行いつつも、本当に使うべきところにお金を投じ、無駄な支出では節税せず、よりよい支出を行いながら、事業を発展させていくことが、最終的にはいちばんの節税になるのではないでしょうか。

支出を増やすと節税になる

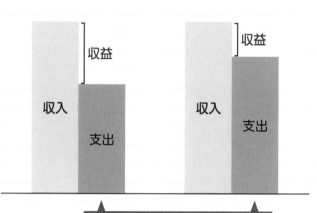

**支出を増やすことで税金がかかる
収益の部分を圧縮することができる**

会社にとってよい「支出」

給与UP

会社　　　　従業員

メリット1
社員のモチベーション
が上がり、次の仕事につ
ながる

メリット2
社員個人の支出が増え
て経済が回り景気がよ
くなる

▶ 会社にとってよい支出は
従業員の給与を上げること

個人事業主と会社の社長
違いは何がある？

olumn3（84ページ）で、個人事業主と法人では税率に違い
があり、事務手続きの量も2～3倍程度異なると話しました
が、ここではその違いをもう少し掘り下げてみましょう。

　個人事業主も法人も、いずれも青色申告者の場合、過去の赤字
を将来に繰り越し、将来の利益と相殺できますが、その期間が個
人事業主は3年、法人は10年と異なります。これだけ見ると、法
人のほうがお得だと思うかもしれませんが、10年も赤字を繰り越
ししている状態の法人は、よっぽどの大手企業でない限りつぶれ
てしまうでしょう……。これは、必要以上の保険を掛けているよ
うな状態なのです。繰り越せる期間の違いは、あくまでも事実と
して認識だけして、これにとらわれないほうがよいでしょう。

　事業を大きくしたいと考える人は法人成りを勧めますが、一方
で自分の手の届く範囲で事業を行っていきたい（従業員は雇わず
にやっていきたい）という人には、個人事業主を勧めます。

■赤字繰り越しのイメージ

赤字 200万円	黒字 50万円	黒字 100万円	黒字 150万円
1年目	2年目	3年目	
利益200万円のうち150万円の赤字を返済	利益200万円のうち100万円の赤字を返済	利益200万円のうち50万円の赤字を返済	

6章

発展 誤りやすい経費処理の事例

「知らぬ間に脱税してた！」なんてことがないように、あらかじめ経費処理時に間違えやすいポイントを確認して、ミスを防ぎましょう。

発展 | 01

事業用の車を売却したときの所得区分は？

A. 事業所得ではなく、正しくは譲渡所得

　事業用の車を買い替えたために、以前使っていた車を売却することもあるでしょう。何かを売ると当然（利益が発生し）お金がもらえますが、このお金は「所得」の扱いになります。個人事業主の人が確定申告のときに、売却益は所得になるからと、事業で得た利益と同様に申告してしまう例が多くありますが、これは間違いです。

　所得には10種類の区分があります。個人事業主が事業によって得た所得が事業所得である一方、**所有する固定資産を売却した場合の利益は譲渡所得**になり、この２つの所得区分では税率が大きく異なります（右上図参照）。

　譲渡所得が適用される固定資産は車や機械などの有形資産が対象になります。これらの譲渡所得の計算方法は右下図の通りです。事業所得ではなく譲渡所得で申告するメリットは、①右図の数式で算定した金額からさらに50万円を控除できること、②譲渡した有形資産の保有年数が５年を超える場合、右図の数式で算定した譲渡所得を２分の１にできることです。

所得税の種類

名称	対象
利子所得	銀行の預貯金や債券の利息
配当所得	株の配当、剰余金の分配など
不動産所得	賃貸や駐車場経営などによる収入
事業所得	個人事業による収入
給与所得	勤務先から受ける給与、賞与
退職所得	退職金
山林所得	山林を伐採・売却して得た収入
譲渡所得	土地や建物、株式などを売却して得た収入
一時所得	懸賞、競馬、生命保険の一時金など、労務や役務以外で得た利益
雑所得	年金、印税、講演料など、上記9種類以外の所得

個人事業主が確定申告をする際は事業所得として申告するが、車の売却は譲渡所得となる

譲渡所得の計算方法

譲渡金額 − (減価償却後の取得費 + 譲渡費用)

▶ **譲渡所得で申告すると、さらにここから50万円が控除される**

ただし、株式や土地建物の譲渡所得はこの計算式にあてはまりません

保有期間によって異なる譲渡所得の税率

　譲渡所得の計算には、帳簿上の固定資産金額が必要です。いままで、減価償却によって固定資産金額を減らし、減価償却費を費用計上することで納める税金を減らしていました。しかし、費用計上して減った帳簿上の固定資産金額よりも売却時の金額が高ければ、帳簿上の固定資産金額が実際より低い、すなわち費用として過剰に計上していたことになります。そのため、**売却金額が帳簿上の固定資産金額よりも高かった場合は譲渡所得として確定申告をし、税金を納める必要があるのです。反対に、評価額よりも売却金額が低かった場合は、その分を売却損として（マイナスの所得として）確定申告することができます**（右図参照）。

　譲渡所得が5年を境に2分の1となるのは、購入から5年以内の売却は転売の可能性を疑われるからです。購入から売却までの期間が短い理由には、購入したものの維持するだけの費用を賄えずに泣く泣く手放すなどもあるかもしれませんが、転売で利益を得ようとしたのではないかと税務署に疑われます。一方、5年以上所有したものを売却するのは、単純にその資産を使い古したからと考えられるでしょう。どこからが転売目的かと明確には判断できないので、5年という軸を置き、保有期間が5年を超える場合には優遇として少し軽い課税額率となっているのです。

　また、自らが居住をしていた資産を売却した場合、**居住期間が10年を超えていたら、譲渡益6000万円までの部分に限り課税率が約14％とさらに優遇される**、10年超所有軽減税率の特例を適用することができます。

譲渡所得の処理方法

☑帳簿上の固定資産金額よりも売却時の金額が低い場合

売却金額

評価額（減価償却累計額）

差額の売却損の
金額は、事業所得の
利益と相殺できる

☑帳簿上の固定資産金額よりも売却時の金額が高い場合

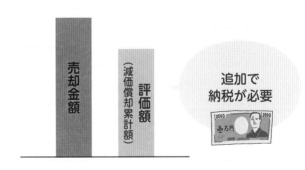

売却金額

評価額（減価償却累計額）

追加で
納税が必要

▶ **評価額より低く売れたら確定申告、
高く売れたら追加で納税する**

135

発展 | 02

専従者給与の適正額以上は否認される？

A. 否認され追納が必要になることも

　個人事業主の場合、配偶者を青色事業専従者として雇うことを検討する人も多いでしょう。

　個人事業主が青色申告をしている場合、専従者給与を全額必要経費にできるので、できるだけ多く専従者に給与を支払うことで利益を減らし、節税をしようとする人がいます。しかし、**適正額よりも不当に高額な給与を専従者に支払うと、適正額を超えた部分には税金がかかってしまいます**（右図参照）。

　これは、「課税の公平性」によるものです。専従者給与の全額を制限なく設定できると、利益をゼロ円にできるため、税金をいっさい納めなくてよいことになってしまいます。それでは国家の運営ができませんし、何より青色事業専従者を雇っていない個人事業主の納める税金額と大きな差が生まれてしまいます。そのため、専従者に支払った給与が適正額と照らして不当に高額だと、専従者給与の一部が必要経費として否認されることになり、その分増えた利益にかかる税金を追納しなければなりません。

青色事業専従者の要件

その年の12月31日時点で、年齢が15歳以上である

納税者と生計を一にする配偶者その他親族である

1年のうち6カ月以上、事業に従事している

やむを得ない事情で年中を通じて事業に従事することができなかたった場合、事業に従事できる期間の2分の1を超える期間をもっぱら従事すれば青色事業専従者とされる

給与が経費にならないケース

適正金額を超える部分は
必要経費にならない

必要経費に
ならない

適正金額

青色申告
事業専従者

全額が必要
経費になる

必要経費に
なる

適正額の設定はケースバイケース

　ここまで専従者給与の金額を「適正額」「不当に高額」といいましたが、その金額に明確な基準はありません。なぜなら、総合的な判断が必要になるからです。

　ひとつの判断基準として挙げられるのが、**同様の職種の人と同水準の給与か否か**という点です。たとえば、仮に書類整理の一般的な相場が15万円／月にもかかわらず、同様の業務で40万円/月を支給している個人事業主があったとしましょう。この場合、月給が40万円はかなり高額だという認識になるので、25万円分（40万円−15万円）が否認される可能性が高いです。また、同じ事業主に雇われている別の従業員が書類整理の業務で月に25万円の給与をもらっている場合にも、40万円／月の専従者給与は不当に高額だとみなされると思います（右図参照）。

　また、**個人事業の売上額によっても判断基準は変わってきます**。年間の売上高が50億円・利益5億円の個人事業主が雇う従業員が専従者1人だけだった場合、年間給与が2000万円だとしても問題はないかもしれません。しかし、年間の利益が5000万円の個人事業主が専従者に対し2000万円の給与を支払っていたら、それは不当に高額といえるでしょう。

　このように、適正額の設定はケースバイケースのことが多く、また、税務署は確定申告時にはそれが適正額外だと教えてくれません。後日、専従者給与の一部が経費として認められないと税務署に判断された場合には、追納が必要になり、本来適正額で給与を支払っていたとき以上に税金を納める必要が生じます。

専従者給与の適正額の判断基準

☑ 同水準の給与か

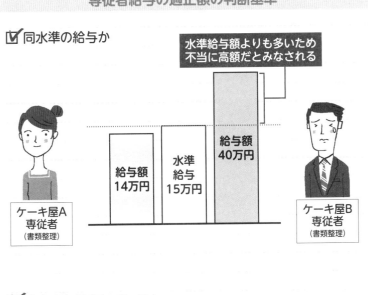

水準給与額よりも多いため
不当に高額だとみなされる

ケーキ屋A
専従者
（書類整理）

給与額
14万円

水準
給与
15万円

給与額
40万円

ケーキ屋B
専従者
（書類整理）

☑ 売上高と対応しているか

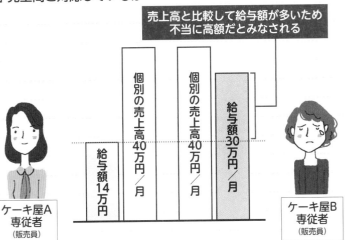

売上高と比較して給与額が多いため
不当に高額だとみなされる

ケーキ屋A
専従者
（販売員）

給与額14万円

個別の売上高40万円／月

個別の売上高40万円／月

給与額30万円／月

ケーキ屋B
専従者
（販売員）

6章

発展 | 03

余った商品を家で食べると脱税?

A. 経費処理をしないと脱税になる

　飲食店を経営している人は、販売できなくなってしまった商品を、もったいないからと自宅へ持って帰ることがあるでしょう。しかしこの場合、正しく処理をしないと脱税になります。

　廃棄予定の食材だとしても、商品だったものを自分で使用したり知人にあげたり、割引価格で販売した場合は、売上として計上する必要があります。**帳簿上の科目は「家事消費」です。**これは、食品を扱う個人事業主に限らず、商品を扱っている人すべてが対象です。文具店を営んでいる人が子どもにノートと鉛筆を与えた場合も、家事消費として計上します(右図参照)。

　家事消費の金額は、**①その資産の取得金額**、もしくは**②通常の販売価格などの70%相当額のうち、いずれか高い金額から販売価格を差し引いた金額**となります。たとえば、販売価格2万円(仕入金額は1万円)の商品を知人に8000円で販売した場合、①は1万円であるのに対し、②は1万4000円なので、1万4000円と8000円の差額である6000円が家事消費の金額となります。

家事消費になる例と計算方法

商品

事業主 → 自宅に持って帰り
自分で食べる

友人 → 友人に格安で販売

▶ **家事消費をしたら所得に加えて、
所得税や消費税を算定する**

次のいずれかのうち、高い金額から
販売価格を差し引いた額が家事消費の金額になる
・その資産の取得価格（仕入額）
・通常の販売価格などの70％相当額

☑ 販売価格が2万円、仕入金額が1万円の場合

2万円 × 70% = 1万4000円 > 1万円

この額から販売価格を差し引く

仕入のないサービス提供は家事消費ではない

　家事消費の金額は、所得税や消費税の計算では売上として計上するため、課税対象になります。そのため、必要以上に廃棄物を持って帰ってしまうと税負担が重くなることもあります。

　また、駄菓子屋さんが子どもに飴をあげるなど、販売網を広げてくれそうな友人・知人への**無償サンプルを提供したような場合は、家事消費ではなく、販売促進費とする**ことで、仕入金額のすべてを経費にできます。

　税務調査のためにも、家事消費ではなく販売促進費だった証拠として、だれにどういう目的で渡したのかをしっかりメモに残しておきましょう。また、在庫数量の増減を管理する「在庫表」を備えておくことも重要です。家事消費を疑われないような「在庫表」にするためには、「継続記録法」による在庫表であることが必要になります。在庫表には、継続記録法と実地棚卸法の2種類があります。継続記録法は、入荷や出荷のつど、継続的に在庫の数量を記録する方法です。実地棚卸法は、日々の入荷や出荷は記載せず、月末や決算月など、一定のタイミングでのみ在庫数量をカウントし、記載する方法です。継続記録法のメリットは、在庫の動きを立証する上で強い証拠力がありますが、デメリットとして毎回記入するという事務手続きの煩雑さがあります。

　なお、通常は有料のコンサルティングを友人に無料で行った場合や、美容師が家族に無料でヘアカットをした場合など、**仕入のないサービスの提供は家事消費に該当しません**（右図参照）。

家事消費になる／ならないケース

☑家事消費になる場合

魚屋が売れ残った魚を自宅で調理して食べた

飲食店がバイトにまかないをつくった

販売用のパソコンをタダで友人にあげた

販売用のパソコンを定価の10%で友人に売った

☑家事消費にならない例

仕入れた商品をお客さんにサンプルとしてあげた
➡販売促進活動の一環の行為は「販売促進費」として仕訳する

ヘアスタイリストが無料で知人の髪をカットした
➡サービスの提供は家事消費にならない

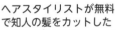

30万円で買った事業用のパソコンを友人に販売した
➡減価償却資産の売却は家事消費にならない

仕入がないと家事消費にはなりません

発展 | 04

個人事業主の医療費は経費にならない?

A. ならないが医療費控除は利用できる

64ページのマッサージの話のときに少し触れましたが、**個人事業主は医療費控除が使えます。**

しかし、医療費は経費になりません。医療費控除は経費に算入するものではなく、医療費として支出した額の一部を所得の額から控除するものだからです。医療費控除額は、支払った医療費から保険などで還付される額を差し引き、そこからさらに10万円もしくは総所得金額の5%のうち、いずれか少ないほうを差し引いた額となります(右上図参照)。

医療費控除の対象になるものは、病気やけがの治療費、薬代、出産、入院費、一部の介護費用、公共交通機関の交通費などです。見舞いのための費用や、美容整形などは認められません(右下図参照)。

医療費控除を受ける際は、確定申告時に「医療費控除の明細書」の添付、または各健康保険組合から通知される「医療費通知」の提出が必要になります。なお、医療費控除が受けられる限度額は200万円となっています。

医療費控除の計算式

課税所得が**200万円未満**の場合は総所得額の5%、**200万円以上**の場合は10万円が引かれる

$$\left(\begin{matrix} 医療費 \\ の合計 \end{matrix} - \begin{matrix} 保険金 \\ などの \\ 金額 \end{matrix} \right) - \begin{matrix} 10万円または \\ 総所得の5%の \\ どちらか少ない額 \end{matrix} = \begin{matrix} 医療費 \\ 控除額 \end{matrix}$$

個人事業主が使える

医療費の範囲

- ・病気の治療などに必要となる費用
- ・薬代
- ・出産費
- ・治療費
- ・入院費
- ・検査費
- ・一部の介護費用
- ・交通費(タクシー代は対象外)

- ・健康増進を目的としたビタミン剤の代金
- ・美容整形代
- ・自己都合で発生した差額ベッド代
- ・病院までマイカーで移動した際のガソリン代

セルフメディケーション制度も有効

　健康な人は、医療費控除ではなく、2017年から始まったセルフメディケーション税制を活用しましょう。セルフメディケーション税制とは、個人事業主と同一生計の家族合わせて**年間1万2000円以上対象の医療品を購入している際に、1万2000円を超える金額を総所得金額から上限8万8000円まで控除する**というものです（右図参照）。適用される条件として、「健康の維持増進および疾病の予防への取組として一定の取組を行う者」とありますが、具体的には健康診断や人間ドック、予防接種などがこの取組に該当します。

　セルフメディケーション税制の適用を受ける場合にも、確定申告時に「医療費控除の明細書」を提出します。

制度の併用はできない

　医療費控除とセルフメディケーション制度は両方同時に利用することはできません。とはいえ、年の初めにどちらの制度を利用するかを決めることはできないでしょう。年末にならないと医療費がいくらになるかわからないからです。そのため、医療費の領収書とドラッグストアなどで購入した際の領収書／レシートをそれぞれ保管し、確定申告の時期にどちらが利用できるかを集計するとよいでしょう。

　イメージとしては、お気軽に使えるのがセルフメディケーション税制、しっかり控除が受けられるのが医療費控除、と考えるとよいのではないでしょうか。

セルフメディケーション税制とは

☑ セルフメディケーション税制のしくみ

6000円分
控除される

1年間の
医療品購入額

1万8000円

0円　　　　　　　　　　　1万2000円

最大で
8万8000円まで
控除されます

☑ 医療費控除とセルフメディケーション税制の比較

	医療費控除	セルフメディケーション税制
対象額	10万円以上	1万2000円以上
上限額	200万円	8万8000円
対象	治療費、医薬品購入費、検査費用など	OTC医薬品のみ
申告時に必要なもの	レシート(領収書)、源泉徴収票	

▶ **医療品代は控除できる**

発展 | 05

支払った税金は
すべて経費計上する?

A. 経費になるのは一部の税金だけ

　ひとことで「税金」といっても、種類は豊富で、さまざまな切り口で説明されます。1つは納付先の違いです。国に納付する税金は「国税」と、地方自治体に納める税金は「地方税」と呼ばれています。また、課税される種類によって「所得課税」、「資産課税等」、「消費課税」に大別されます（右図参照）。**個人事業主の人が支払う税金には、主に①所得税、②住民税、③消費税、④事業税、⑤印紙税の5つがありますが、これらすべてが経費になるわけではありません。**

　まず、所得税と住民税は経費になりません。所得税は、給与や事業で得た利益（≒所得）に対して課せられる税金なので、仮に所得税を経費に計上してしまうと、所得が減り、それを元に所得税を計算し、またその所得税が経費になり……と永遠に所得税が納税されることがなくなってしまいます。ほとんどが所得に応じて課税される住民税も、所得税と同じ理由で経費にすることができません。所得税と住民税を支払った際には、「事業主貸（もしくは事業主借）」として会計ソフトに登録します。

国税・地方税の税目

	国税	地方税
所得課税	所得税 法人税 地方法人税 地方法人特別税 特別法人事業税 復興特別所得税	住民税 事業税
資産課税等	相続税 贈与税 登録免許税 印紙税	不動産取得税 固定資産税 特別土地保有税 法定外普通税 事業所税 年計画税 水利地益税 共同施設税 宅地開発税 国民健康保険税 法定外目的税
消費課税	消費税 酒税 たばこ税 たばこ特別税 揮発油税 地方揮発油税 石油ガス税 航空機燃料税 石油石炭税 電源開発促進税 自動車重量税 国際観光旅客税 関税 とん税 特別とん税	地方消費税 地方たばこ税 ゴルフ場利用税 軽油引取税 自動車税 （環境性能割・種別割） 軽自動車税 （環境性能割・種別割） 鉱区税 狩猟税 鉱産税 入湯税

経費になる3つの税金

一方、消費税や事業税、印紙税は経費になります。

消費税は、買い物のつど支払っているので、最も身近な税金かもしれません。個人事業主の場合、支払いのつど、消費税を含めた金額を支払っているだけでなく、税込の金額で経費を集計する（会計ソフトに登録する）ことで、**無意識のうちに消費税を経費として処置している**と思います。なお、「免税事業者」の場合は、消費税を納める必要はありません。

事業税は、事業を行っている人全員に課税されるわけではなく、限定的な業種（右図参照）で、かつ、一定の所得（290万円以上）がある人に課税される税金です。所得税のように自らの申告は不要で、納税対象者には毎年8月頃に都道府県税事務所から届く納付書に基づいて、8月と11月の年2回、納付します。経費計上も納付したつど、行いましょう。経費として登録する際の勘定科目は「租税公課」となります。

印紙税とは、契約書や一定金額以上の領収書に添付が義務付けられている収入印紙の購入代金が該当します。厳密に説明すると、収入印紙は購入時に納税しているわけではなく、必要な書類に添付し、消印が押されたときに納税されたことになります。購入した時点では「貯蔵品」という資産として経理処置し、使用したタイミングで経費（租税公課）になるのです。

税務調査で、契約書などへの収入印紙の添付と消印を必ずチェックされるので、税務調査の前には、その2つが揃っているか確認しましょう。

事業税の納税義務がある業種

区分	第1種事業	第2種事業	第3種事業	
税率	5%	4%	5%	3%
事業の種類	物品販売業 運送取扱業 料理店業 遊覧所業 保険業 船舶定係場業 飲食店業 商品取引業 金銭貸付業 倉庫業 周旋業 不動産売買業 物品貸付業 駐車場業 代理業 広告業 など	畜産業 水産業 薪炭製造業	医業 公証人業 設計監督者業 公衆浴場業 歯科医業 弁理士業 不動産鑑定業 歯科衛生士業 薬剤師業 税理士業 デザイン業 歯科技工士業 など	あんま・マッサージまたは指圧・はり・きゅう・柔道整復その他の医業に類する事業 装蹄師業

6章

印紙税の納税

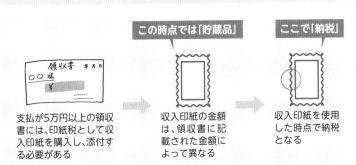

支払が5万円以上の領収書には、印紙税として収入印紙を購入し、添付する必要がある

この時点では「貯蔵品」

収入印紙の金額は、領収書に記載された金額によって異なる

ここで「納税」

収入印紙を使用した時点で納税となる

発展 | 06

領収書の書き損じで売上を二重計上したらどうなる？

A. 売上を訂正して税金を取り戻す

　何かを購入するためにお金を払い領収書を受け取るのに加え、営んでいる事業によっては領収書を発行する側になることもあるでしょう。売上代金を受け取ったら領収書を書きますが、領収書を書き損じてしまい、1回の売上に対し、書き損じた領収書と正しい領収書の計2枚を発行したときは売上の計上時に注意が必要です。

　書き損じた領収書を正しく処理するのであれば問題はありませんが、たまに、書き損じた領収書と正しい領収書を2つとも売上に計上してしまい、無駄な税金を納めてしまう人がいます。税法では過去の売上を訂正できる期間が設定されていますが、法定期限後に処理を誤ったことに気が付いて売上を訂正しても納め過ぎた税金を取り戻せない可能性が高いです。**納める税額が過大だった場合には法定期限内に更正の請求をして、納め過ぎた税金の還付を求めましょう**（右図参照）。法定申告期限から5年以内であれば「更正の請求書」を所轄税務署長に提出すると、還付を受けられる可能性があります。

税額を多く申告していた場合の対処法

税額が過大であると気付く

法定申告期限から**5年以内**

「**更正の請求書**」を
所轄税務署長へ提出

税務署で調査される

請求内容が正当と認められると
納め過ぎた税金が還付される

二重計上すると売上が増
えて税金を多く払うこと
になります

税務署

発展│07

青色申告特別控除は必ず受けられる？

A. 2つの要件を満たせば受けられる

　「青色申告承認申請書」を税務署に提出し、一定の要件を満たしていると、青色申告特別控除を受けられます。2019年分の確定申告まで控除額は65万円または10万円でしたが、税制改正により、2020年からは55万円または10万円に変更されました（電子申告もしくは電子帳簿保存を行うことで控除額を65万円にすることも可能）（右図参照）。

　控除を受けられる一定の要件は、**①事業所得、不動産所得、山林所得の申告であること、②所得税の青色申告承認申請書を期限内に提出していること**、の2つです。

　また、55万円の控除を受けるためには、さらに①複式簿記で記帳していること、②現金主義でないこと、③申告時に、記帳に基づいて作成した損益計算書と貸借対照表を添付すること、④確定申告の法定期限を守ること、⑤不動産所得の場合、事業として行われていると認められること、⑥所得の種類が山林所得のみでないこと、の6つの要件を満たす必要があります。いずれかが1つでも該当しない場合は55万円の控除は受けられません。

申告者別税額の違い

☑ 売上高が500万円の場合

	白色申告	青色申告 （10万円）	青色申告 （55万円）
売上高	500万円		
経費	150万円		
青色申告特別控除	0円	10万円	55万円
所得控除	80万円		
課税所得	270万円	260万円	215万円
税率 （所得税＋住民税）	課税所得×約21％−控除額		
税額	47万円	45万円	35万円

最大**12万円**の節税になる

▶ **要件を6つ満たすと**
55万円の控除を受けられる

実際の節税効果は30万円ほど

　これら6つの要件のうち、とくに重要なのが、現金主義でないことです。現金主義とは、現金の支出と収入があった時点で金額を計上する方法です。たとえば2月25日に取引があり商品を納品し、その支払いが3月31日だった場合、実際に支払いがなされた3月31日の日付で、帳簿に収支を計上します。しかし、ここで求められているのは現金主義ではないこと、つまり、発生主義で計上するということです。**発生主義とは、支出と収入の発生が確定した時点で金額を計上する方法**です。たとえば、2月25日に取引し商品を納品した場合、このタイミングで支出を計上し、実際に支払いがなされた3月31日に収入を計上します。**現金主義だと実際に支払いがなされたタイミングのみ、すなわち一度の計上で済むのですが、発生主義の場合は支出時と収入時のタイミング、すなわち2回の計上が必要になるのです**（右図参照）。

　なお、青色申告で55万円の控除を受けたケースと、白色申告で確定申告をしたケースでは、12万円ほど納税金額に差が生じ、所得が大きければ大きいほど節税できる金額も大きくなります。また、同じ青色申告でも、控除額の違いによって納税金額には10万円ほどの差が生じます。青色申告をすると得をする場面もありますが、同時に、会計事務所に税務をお願いしたり、会計ソフトを契約したりとコストが生じます。そのコスト自体は経費になりますが、結果として得られる節税効果は、最大30万円程度（所得が4000万円超のとき）です。青色申告をすることの費用対効果を考えてから、手続きをしましょう。

現金主義と発生主義の違い

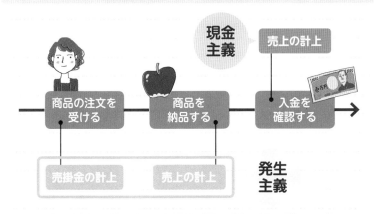

現金主義

売上の計上

商品の注文を受ける

商品を納品する

入金を確認する

売掛金の計上

売上の計上

発生主義

▶ 現金主義は1度、発生主義は2度記帳する

ワンポイント 税務の費用と比較

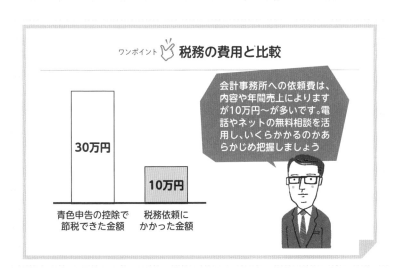

30万円

10万円

青色申告の控除で節税できた金額

税務依頼にかかった金額

会計事務所への依頼費は、内容や年間売上によりますが10万円〜が多いです。電話やネットの無料相談を活用し、いくらかかるのかあらかじめ把握しましょう

索引

■著者プロフィール

渡邊勇教（わたなべ・たけのり）
株式会社ゼロベース　代表取締役
渡邊勇教会計事務所　代表

北海道出身。立命館大学卒業後、2007年に会計士試験合格、2010年に公認会計士登録。2014年に税理士登録。勤務経験は、2007年より有限責任監査法人トーマツの国内監査部門に勤務し、上場会社を中心に財務諸表監査・内部統制監査に従事。2014年に退職、独立し渡邊勇教会計事務所を設立。その後、財務コンサルティングを中心とした株式会社ゼロベースを設立。トーマツ時代に培った上場会社の管理のしくみと財務の観点を中小企業／個人事業主へも展開するべく、クラウドツールを駆使した業務改善／財務コンサルティングを提案。中小企業から規模拡大を組織運営と財務の観点からサポート。
事務所ホームページ：https://www.0base.co.jp/

■問い合わせについて

本書の内容に関するご質問は、下記の宛先までFAXまたは書面にてお送りください。なおお電話によるご質問、および本書に記載されている内容以外の事柄に関するご質問にはお答えできかねます。あらかじめご了承ください。

〒162-0846
東京都新宿区市谷左内町21-13
株式会社技術評論社　書籍編集部
「スピードマスター　1時間でわかる　経費で落ちる領収書」質問係
FAX：03-3513-6167
URL：https://book.gihyo.jp/116

※ご質問の際に記載いただいた個人情報は、ご質問の返答以外の目的には使用いたしません。また、ご質問の返答後は速やかに破棄させていただきます。

スピードマスター
1時間でわかる　経費で落ちる領収書

2020年5月13日　初版　第1刷発行

著者	渡邊勇教
発行者	片岡 巌
発行所	株式会社　技術評論社
	東京都新宿区市谷左内町21-13
電話	03-3513-6150　販売促進部
	03-3513-6160　書籍編集部
編集	土井清志
装丁デザイン	坂本真一郎（クオルデザイン）
製本／印刷	株式会社 加藤文明社
編集協力	出口夢々（株式会社ループスプロダクション）
本文デザイン	竹崎真弓（株式会社ループスプロダクション）
本文イラスト	小倉靖弘
DTP	竹崎真弓（株式会社ループスプロダクション）、太田紗矢香

定価はカバーに表示してあります。
落丁・乱丁などがございましたら、弊社販売促進部までお送りください。交換いたします。本書の一部または全部を著作権法の定める範囲を超え、無断で複写、複製、転載、テープ化、ファイルに落とすことを禁じます。

ISBN978-4-297-11307-0　C0034

Printed in Japan